HK
한국한자연구소
한자총서 01

키워드한자

24개
한자로 읽는
동양문화

(상)

하영삼

도서출판 3

키워드 한자

24개 한자로
읽는 동양문화
(상)

하영삼

HK 한국한자연구소
K HK+ 한자총서 01

키워드 한자: 24개 한자로 읽는 동양문화(상)

저자 하영삼
표지 디자인 김소연
펴낸곳 도서출판3
인쇄 호성 P&P

초판 1쇄 인쇄 2020년 12월 24일
초판 1쇄 발행 2020년 12월 31일

등록번호 제2018-000017호
전화 070-7737-6738
전자우편 3publication@gmail.com

ISBN: 979-11-87746-43-0 (93710)

This work was supported by the Ministry of Education of the Republic of Korea and the National
Research Foundation of Korea (NRF-2018S1A6A3A02043693)

동양의 문화를 읽는 핵심 키워드 24개 한자, 이 24개 한자의 어원과 의미변천과정, 서양과의 비교를 통해 그 배후에 담긴 문화적 의미를 풀어, 동양문화의 근원의식을 파헤치다.

24개 한자로

읽는 동양문화

(상)

머리말

24개 한자로 파헤치는 동양문화의 근원,
미래 사회의 지혜는 어디서 오는가?

이 책은 한자를 기반으로 형성 발전해 온 동양문명을 24개의 씨앗글자, 즉 24개의 키워드 한자를 통해 이들 문명의 특징과 가치를 해석하고자 기획된 책입니다.

아시다시피 인류 문명의 중요한 한 축을 담당해 온 동아시아는 한자를 토대로 발전해온 문명입니다. 인류가 지혜를 체계적으로 축적하여 만물의 영장이 된 것은 말과 문자의 사용이 절대적인 역할을 했습니다. 특히 문자는 음성언어가 갖는 시간적 공간적 한계를 뛰어넘어 인류의 지혜를 기록 전달하고 후세에 전수함으로써 인류의 지혜를 비약적으로 발전하게 하였다는 점에서 '말'에 버금가는 위대한 발명품입니다. 문자를 가진 문명이 말만 가진 문명보다 발전한 문명인 것은 문자가 그만큼 중요하기 때문입니다.

중국을 비롯해 메소포타미아, 이집트, 마야 문명 등 세계의 4대 기원문명은 일찍부터 문자를 갖고 있었습니다. 이들 문명의 초기 문자들은 모두 해당 개념을 구체적 이미지로 그려낸 상형문자로부터 출발했습니다. 이후 더 다양하고 복잡한 개념들을 표현하기 위해 단순한 상형에서 의미를 조합하고 추상화한 회의문자로 변해갔습니다. 그러나 그것도 상당한 한계를 가졌던 만큼 음성부호를 더하여 의미와 독음이 결합한 형성문자를 만들어냈습니다. 독음과 의미는 문자가 가지는 근본적인 속성입니다.

그러나 무슨 이유에서인지 서구에서는 의미를 포기하고 독음부호만 남겨 음성문자인 알파벳 문자로 변했습니다. 하지만 한자는 의미와 독음, 이 두 가지를 다 보존하는 방식으로 발전했습니다. 문자 속에 든 의미를 끝내 버리지 않았던 것입니다. 이러한 특징 때문에 한자를 표의문자라고 하지만 사실은 의미와 독음이 결합한 '표의-표음문자'라고 할 수 있습니다. 현존하는 한자의 94% 정도를 차지하는 형성자가 이를 반증해 줍니다. 여하튼 한자는 서구문명을 상징하는 알파벳 문자들과는 달리 자형 속에 의미를 담고 있습니다. 그래서 자형의 분석을 통해 그것이 표현하고자 했던 원래 의도와 의미를 쉽게 찾을 수가 있습니다. 이것이 한자의 가장 큰 특징입니다.

한자의 자형은 중국 문명의 역사처럼 오랜 세월을 거치면서 많이 변화했습니다. 갑골문만 해도 이미 3천년 이상의 역사를 갖고 있습니다. 자형도 변화했지만, 그것의 의미도 확장과 변형과 융합을 거치면서 새로운 의미를 끊임없이 만들어 왔습니다. 그래서 한자의 변화를 잘 살피면 한자를 사용한 사람들의 사고방식과 특징도 발견할 수 있습니다. 특히 오래된 한자일수록 초기 단계의 시원적 사유를 잘 담고 있습니다. 한자를 분석하면서 갑골문과 같은 초기 단계의 글자를 살펴야만 하는 이유가 여기에 있습니다. 아울러 그것이 어떤 식으로 문명의 발전과 함께 의미를 확장해 나가는지도 잘 살펴야만 합니다.

예컨대, 좋아하다는 뜻의 '호(好)'는 '어미가 아이를 안고 있는 모습'을 그려 자식을 사랑하는 모정을 사랑의 출발이라 생각했고, 사랑하다는 뜻의

'애(愛)'는 '머리를 돌려 다른 사람을 살피는 마음'을 그려 남을 돌아보고 배려하는 이타적 사랑을 출발점으로 삼았습니다. 또 예절을 뜻하는 '예(禮)'는 '신에게 제사 드리는 모습'을 그려 신을 경배하는 그런 경건한 마음이, 상대를 존중하는 마음이 예절의 근본임을 나타냈습니다. 그런가 하면 뒤늦게 등장한 글자긴 하지만 독을 뜻하는 '독(毒)'은 '화려하게 화장하고 성장을 한 여성'을 그려 여성에 대한 부정적 인식을 담기도 했습니다. 또 충성을 뜻하는 '충(忠)'은 원래는 윗사람이 아랫사람에게 가져야 하는 정직한 마음이었는데, 세월 지나면서 아랫사람이 윗사람에게 복종해야 하는 태도로 변신하기도 했습니다. 이렇듯 그냥 알았던 한자 하나하나에는 해당 개념을 창의적으로 표현한 지혜로운 상상이 들어 있고, 이를 통해 그 속에 스며있는 인식의 틀과 변화과정도 확인할 수 있습니다.

문자의 발전도 다른 모든 것의 발전과 마찬가지로, 그것이 사용되는 사용자와 사용 환경의 영향 속에서 변하기 마련입니다. 이런 의미에서 한자의 배후에는 이를 사용해온 사용자들의 문화적 배경이 깊게 녹아 있습니다. 이것이 한자가 중국 문명의 근원을 파헤치는데 가장 직접적인 도구의 하나가 되는 까닭입니다. 이렇게 만들어진 한자는 다른 한편으로 의미를 강하게 가진 문자체계이기에 이를 사용하는 사람들로 하여금 그들의 관념과 인식에 영향을 주고 사고에 지배력을 발휘한 것도 사실입니다.

예컨대, 공부를 뜻하는 '학습(學習)'은 '산가지나 문자의 전신인 새끼매듭 지우는 방법을 배우는 모습'의 '학(學)'과 어린 새가 날기 위해 끊임없이 날갯짓을 반복하는 모습을 그린 '습(習)'이 결합한 단어입니다. 이 단어를 보면서 한자를 사용하는 사람들은 공부라는 것이 '구체적인 지식의 학습과 무한 반복'임을 부지불식간에 각인하게 됩니다. 혹자는 맹목적이며 창의성이 결여된 동양인들의 공부 방식의 이유를 여기서 찾기도 합니다. 또 사람의 머리를 크게 키워 그려놓고 정수리를 뜻하는 '천(天)'이 하늘이라는 뜻으로 확장되어 쓰이는 것을 보면서 사람들은 '하늘'을 언제나 '사람'과 연계된 것임을 자연스레 생각하게 되었을 것입니다. 이것이 동양사회에 보편적으로 존재하는 '천인관계론'의 소박한 출발이라 생각합니다.

이렇듯 한자에는 해당 한자의 인식과 표현 방법, 개념의 변화 과정, 그의 사용으로 인한 영향과 인식의 고착화 등, 다양한 모습이 녹아 있습니다. 그리고 의미를 간직한 자형을 통해 이렇듯 쉽게 확인할 수 있는 다양한 정보는 다른 문명의 알파벳 문자가 절대 가질 수 없는 부분입니다. 게다가 3천년 이전의 갑골문을 보면 그들이 사물을, 개념을, 세상을 인식하고 그려냈던 갖가지 창의력에 놀라지 않을 수 없습니다.

　　예컨대, '사사로움'을 어떻게 표현했을까요? '아름다움'은 어떻게 그려냈을까요? 또 '이미'와 '곧'이라는 시간적 개념은 무엇으로 표현했을까요? '정의로움'이란? '진리'는? '선'과 '악'은? '변화'는? '옳음'은? 보고 접할 수 있는 사물이나 일은 그래도 쉬울 수 있겠지만, 이런 추상적이고도 고도의 철학적인 개념을 하나의 구체적 이미지로 그려낸다는 것은 여간 어려운 일이 아닙니다. 그런데도 3천 년 전의 한자는 이를 상상 이상으로 멋지게 창의적으로 그려내고 있습니다.

　　한번 볼까요? 둥근 원을 그려 '사사로움'을 그렸는데, 원을 그리기 전에는 안과 밖의 구분이 없었는데, 원을 그리게 되면 경계가 나누어지고 내외의 구분이 생겨 안과 밖, 우리와 남의 차별이 생기게 됩니다. 그것이 '사사로움'의 출발이며, 이를 그린 글자가 '사(厶)'입니다. 재물 앞에서 약해지는 게 사람이던가요? 물욕을 떨쳐버리지 못하는 게 인간의 근본적인 한계임은 쉽게 상상이 갑니다. 곡식이 재산이던 농경사회에서 곡식을 뜻하는 '화(禾)'를 더해 의미를 더욱 구체화한 것이 사사롭다는 뜻의 '사(私)'입니다. 이러한 사사로움을 파괴해서 경계자체를 없애 버리는 것, 그것이 공정하다는 뜻의 '공(公)'자입니다. '사(私)'의 원래 글자인 '사(厶)'에 더해진 '팔(八)'이 둘로 나누다는 뜻이기 때문입니다. 그런가 하면 인간의 생존에 최고의 필수 요소인 음식을 먹으려는 모습을 그려놓은 것이 '즉(卽)'이고, 음식을 다 먹고 머리를 획 돌려놓은 모습이 '기(旣)'입니다. 바로 이로써 '곧'과 '이미'라는 뜻을 그려냈던 것입니다. 그 당시에 어떻게 이런 창의력을 가졌던 것인지 감탄하지 않을 수 없습니다.

이 책에서는 한자문화권의 문명을 해석해 줄 대표 한자 24자를 뽑았습니다. 이들을 동양문명을 대표하는 뿌리이자 핵심 개념이기도 합니다. 저의 전공이 한자 어원연구인지라, 이들 한자의 어원 분석에 공을 많이 쏟았고, 이를 통해 해당 한자에 반영된 문화의식을 해설하고, 이들의 형성과 변화와 확장 과정, 그리고 이 시대를 슬기롭게 살 지혜와 미래를 대비할 자산이 무엇인지를 찾고자 노력했습니다.

이 때문에 이 책이 기획 단계에서 지향했던 목표는 다음의 몇 가지가 있습니다. 첫째, 무엇보다 독보적인 어원 해석을 통해 해당 개념의 원의를 확인해야 한다. 둘째, 그것이 어떤 과정을 거쳐 지금에 이르게 되었으며, 그에 반영된 문화의식은 무엇인가에 주목해야 한다. 셋째, 서양과의 비교를 통해 동양의 특징과 가치를 재조명해야 한다. 넷째, 4차 산업혁명시대를 사는 우리에게 제공할 수 있는 지혜가 될 요소를 찾아야 한다.

이렇게 선정한 24개 한자에 대해 해당 글자의 어원, 의미변천, 반영된 문화의식, 서양과의 공통성과 차별성, 현재적 활용과 미래적 가치 등을 중심으로 기술했습니다. 그리고 관련 자형, 이미지, 그림, 사진 등도 가능한 많이 동원해 이해를 높이고자 하였습니다. 그리고 각 단원의 마지막에는 어원 정리를 따로 해 놓아 참고가 되도록 했습니다.

이러한 구상을 기초로, 한 글자 한 글자 시간 날 때마다 정리해나가야겠다고 생각은 했었는데, 게으른 본성 탓에 차일피일 미루고 실천에 옮기지 못하고 있었습니다. 그런데 2018년 초부터 2019년 말까지 『월간중앙』에 2년 동안 "한자 키워드로 읽는 동양문화"를 연재하게 되면서, 이 책이 모습을 갖추게 되었습니다. 이 자리를 빌려 귀중한 기회를 주선해 준 중국인문경영연구소 유광종 소장과 멋진 편집과 자료 제공은 물론 격려를 아끼지 않은 『월간중앙』의 최경호 부장께 특별히 감사드립니다. 물론 미숙한 해설도, 지나친 비약도, 적잖은 오류도 있을 것입니다. 독자 여러분들의 질정을 기대합니다.

그리고 한 말씀 덧붙이자면, 제가 운영하고 있는 한국한자연구소가 2018년에 한국연구재단의 인문한국플러스(HK+) 사업단으로 선정되었습니다. 오래전부터 품어왔던 한자문화권 즉 한국, 중국, 일본 베트남의 한자 어휘 비교를 통해 동양문명의 근원적 특징을 실증적으로 규명해보고자 하는 바람을 실행할 수 있는 계기를 마련한 것입니다. 현재 4개국의 한자 어휘 비교 데이터베이스를 구축하고 관련 어휘들의 상호 비교는 물론 영어권 개념과의 비교를 통해 동양문명의 정체성과 특성을 찾는 연구가 진행되고 있습니다. 이를 통해 앞으로 어휘를 중심으로 한 새롭고 확장된 문화해석이 이루어질 수 있길 기대합니다.

2020년 11월
하영삼 씁니다

차례

차례

상권

하권

키워드
한자

진(眞): 동양식 진리의 출발

취중진담, 술 속에 진실이 담겨 있나니

상 뒤에 숨겨진 자명성을 의심하는 데서 시작
시공초월, 영원불변, 만고불변 진리는 없을 수도

진리의 상징인 원(圓)을 기본으로 한 성철 스님 사리탑은 주위에 직경 24㎝
의 원형 참배대를 두고 가운데 3단의 정사각형 기단 위에 사리탑을 세웠다.
사리탑은 2개의 반구(反球)위에 둘레 1m20㎝의 구(球)가 꽃봉오리처럼 솟아
있는 형상으로 사리는 맨 밑의 기단 아래 안치돼 있다.(사진: 월간중앙)

1. 진리란 무엇인가?

진리는 숨어있는 것인가?

한국어에 취중진담(醉中眞談)이라는 말이 있는데, 중국어의 '酒後吐眞言(jiǔ hòu tǔ zhēnyán)', 일본어의 '酔っ払い珍談'이 이에 해당한다. '술에 취한 상태에서 자신의 진실한 마음을 토로하다'는 뜻이다. 라틴어에도 "In vino Veritas."라는 말이 있다. 비노(vino)가 와인(wine)이고 베리타스(Veritas)가 진리(眞理)이니, "술 속에 진리가 있다"라는 말이다. 둘 모두 술에 취한 상태에서 자신의 진실한 마음을 드러내고, 술만큼 인간을 진솔하게 하는 것이 없다는 생각을 반영한다. 어쩌면 미래의 인공지능 시대에도 가장 인간적인 것이 술일지도 모른다. 인공지능이 술을 마실 리는 없을 테니 말이다. 마신다 해도 인간의 이런 정취에 도달할 수 있을까? 그런데 왜 옛사람들은 술의 힘을 빌어서 자신을 드러낸다고, 진리가 드러난다고 했을까? 술의 힘을 빌어서 드러나는 진리는 뭔가 언캐니(Uncanny)한 것, 즉 아주 친숙하면서도 자신의 내면에 꽁꽁 숨어서 맨 정신으로 그 진정한 모습을 드러내기를 꺼리는 그런 것이 아닌가?

진리가 시간이나 장소, 사람에 따라 달라질 수 있는가?

진리가 보편적이고 자명한 것이라면, 그곳이 한국이든 미국이든 어디에서나 통하는 것이어야 하고, 조선시대에도 오늘날에도 두루 통하는 것이어야 한다. 그렇다면 대한민국의 헌법 제1조, '대한민국의 주권은 국민에게 있고, 모든 권력은 국민으로부터 나온다.'라는 조항은 만고불변의 진리일까? 민주공화국인 대한민국에서는 이 조항이 진리이지만, 군주제였던 조선시대에는 진리가 아니라면, 진리란 한 영화의 제목처럼 '그 때는 틀리고 지금은 맞는' 것일까? 상황에 따라 진리가 달라질 수 있다면, "대한민국 주권은 돈 많은 국민에게 있고, 모든 권력은 돈에서 나온다."라는 술자리에서의 주장도 진리가 될 수 있지 않을까? 그리고 『동물농장』에서처럼 "모든 인간은 평등

반 고흐, '술 마시는 사람들'(The Drinkers, 1890). 앱상트라는 술을 마시고 있는데, 이 술은 고흐뿐 아니라 오스카 와일드, 고갱, 랭보, 드가 등 수많은 예술가들이 사랑하고 예찬했던 술이다. Joseph Winterbotham Collection, 1953. 178. 유화. 캔버스에 유채(Oil on Canvas). 60x73cm. 시카고 아트 인스티튜트 소장

하다. 그러나 어떤 인간은 다른 인간보다 더 평등하다."라는 조지 오웰의 말도 우리가 보편적 진리라고 생각하는 '모든 사람은 평등하게 태어났다"라는 진술만큼이나 진리인 것은 아닐까?

진리는 분명하고 자명한가?

진리가 보편적이고 자명한 것이라면 역사 속에서 왜 '이것이 자명한 진리다'라고 선언하면서 그것을 위해 때로는 목숨을 건 치열한 투쟁을 불사해왔던 것일까? '모든 인간이 평등하게 태어났다'는 진리가 자명하다면, 미국의 독립선언서에서처럼 그 자명한 진리를 선언할 필요도 없고, 그 자명함을 위해 목숨을 걸고 싸워야할 필요도 없을 것이다. 자명한 진리가 현실 속에서 작동하지 않기 때문에 진리 선언이 필요한 것이며, 자명한 것이 존재하지 않기 때문에 그것을 존재하게 하기 위해 진리 선언이 필요한 한 것은 아닐까? 이것은 역설(paradox)이지만, 진리가 호출되고 진리가 불려 나오는 자리는 이러한 역설 속에서이다.

진리는 무엇인가?

우리는 진리가 자명한 것인 동시에 보편적인 것이라고 생각한다. 그러나 이런 상식과는 반대로 '진리가 무엇인가'라는 의문에 마주하게 되면 진리만큼 우리를 혼란에 빠뜨리는 것도 없다. 그래서 먼저 한자의 '진(眞)'자 어원을 분석하면서 한자에서는 '진리'가 무엇인지, 고대인 중국인들에게 '진리'는 어떤 모습으로 등장했는지를 생각해보고자 한다.

우선 주류 서양철학에서 생각한 진리의 개념을 먼저 살펴보고, 이를 한자 진(眞)의 어원분석을 통해 비교해볼 것이다. 물론 도(道)의 어원과 그 의미도 이후 따로 살피게 될 것이다.

2. 서구에서의 '진리'의 의미

서양에서 진리에 대한 여러 입장 중, 가장 전통적인 입장은 진리를 사실과 말해진 것의 올바른 대응으로 설명하는 '진리대응설'일 것이다. 주류 서구철학사에서 진리는 사실과 대응하는 것, 즉 진리를 언어적 표상의 정확성으로 보는 것이었다. "있는 것을 있다고 없는 것을 없다고 말하는 것은 진실이고, 있는 것을 없다고 없는 것을 있다고 말하는 것은 거짓이다."라는 아리스토텔레스의 정식이 이러한 진리대응설의 가장 오래된 정의 중의 하나다.

진리의 라틴어 어원은 '베리타스'(Veritas)이다. 베리타스란 올바름, 참, 정확히 맞음을 말한다, 즉 아리스토텔레스에 의하면 판단과 사태의 엄정한 일치를, 플라톤에 의하면 이데아에 상응하는 것을 의미한다. 중세 로마를 거쳐 근대에 이르면 베리타스는 설(J. Searle)이 주장하듯이, "한 진술이 사물이 실제로 존재하는 방식대로 존재하는 것으로 표상할 때 참"인 것으로 평가된다. 여기서 진리치는 진술과 사실과의 일치를 따지기 때문에 진리는 객관적이며, 고정되어 있다. 따라서 중세 이후 근대 주류 서양철학에서 진리는 진리와 가상, 참과 거짓이라는 이분법에 의해 설명되고, 현상 이면의 탐구가 아니라 드러난 현상에 대한 인식이 정말 맞느냐, 틀리냐를 따지는 것이 되어 버렸다.

그래서 베리타스는 서구 철학의 근본적 목표였고, 학문이 풀어야 할 숙명적 명제였다. 이것이 학문의 전당 대학의 교시로 가장 자주 이용된 것이 '베리타스'였던 이유일 것이다. 하버드대학에도, 예일대학에도, 우리의 서울대학에도 학교를 상징하는 로고에 'Veritas'가 들어 있다. 그리고 한국의 거의 모든 대학에 '진리'가 교시로 등장한다.

하버드 대학과 서울 대학의 상징 휘장. '진리(veritas)'와 '진리는 나의 빛(veritas lux mea)'이라는 라틴어가 들었다. 'veritas'는 근대 이후의 대학이 가장 선호하는 이념이 되었다.

　　그러나 로마 이전의 그리스 어원에서 진리는 '알레테이아(aletheia)'로, 라틴어의 '베리타스'와는 다른 의미를 지닌다. 'aletheia'의 어원을 보면, 'a'와 나머지 'letheia'로 구성되었는데, 'a'는 '제거하다', '드러내다'는 뜻이고, 'letheia'는 숨겨진, 은폐된 것을 의미한다. 따라서 'aletheia'는 숨겨진 것, 은폐된 것을 드러내는 것(Unverborgenheit, unconcealment)을 뜻한다. 베리타스가 말해진 것과 사태와의 '일치'를 상정한다면, 알레테이아는 진리가 그러한 자명한 일치, 겉으로 보이는 자명한 현상 뒤에 숨겨져 있는 것이 무엇인지 그 자명성을 '의심'하는 데서 출발한다는 것을 그 어원에서부터 잘 보여준다.

3. 헤겔의 중국 비판

13세기 말에 들면서 마르코 폴로 등이 동양을 방문하고, 15세기 후반부터 대항해시대가 시작되면서 서구의 동양에 대한 관심이 증폭되었다. 이를 계기로 동양, 특히 중국에 대한 연구가 본격적으로 시작되었다. 그중에서도 19세기 초의 헤겔(Georg W. F. Hegel)은 중국 연구에서 독보적 지위를 차지한다. 특별히 관심도 많이 가졌고, 관련 연구도 많이 남겼다. 이후 그의 연구는 서양의 중국 인식에 커다란 영향을 미쳤으며, 지울 수 없는 틀을 만들었는데, 그가 얻은 결론은 "중국에는 역사도 없고, 철학도 없다."라는 것이었다.

굉장히 충격적인 선언이 아닐 수 없다. 그는 중국의 경우 여러 왕조를 거치면서 흥망성쇠를 다하였지만, 왕족의 교체만 있었지 진정한 역사의 변혁에 해당하는 발전은 없었다고 평가했다. 인류의 역사를 소년기, 청년기, 장년기, 노년기 등으로 나눌 수 있는데, 문명이 시작된 메소포타미아가 소년기에 해당한다면, 그리스시대는 생기발랄한 청년기에, 로마 시대는 장년기에, 노르만 족이 활약하던 시기를 이성이 성숙한 노년기로 보았다.

그렇다면 중국은 어디쯤 해당하는 것일까? 그는 서구 문명의 출발인 메소포타미아 문명의 '소년기'에도 미치지 못하는 '유년기'에 해당한다고 규정했다. 당시의 중국은 아직 이성과 자유의 태양이 떠오르지 않은, 원시적이며 자연을 벗어나지 못한 우매한 단계에 놓여있다고 했다. 게다가 국가는 하나의 거대한 '가정'이고, 개인은 도덕률에만 근거한 이 거대한 '가정'에 속한 '자식들'일 뿐이며, 개인적이 인격체는 존재하지 않는다고 했다. 그래서 거기는 개인의 자유의지도, 이상도, 정신도 존재하지 않는 '왕국'이라고 했다.

이상에 대한 연구가 없는 그곳에 과학이 존재할리 없고, 이성에 대한 논의가 없다는 것은 진리에 대한 연구가 없다는 것이고, 진리의 개념이 존재하지 않는 곳에 철학이 존재하지 않는 것은 당연하다 했다. 이러한 선언은 헤겔이 가지는 위상 때문인지 너무나 강력한 영향과 후유증을 남겼다.

그 대표적 예가 최근의 대다수 학자들까지도 중국에서는 '진리'를 나타내는 개념인 진(眞)이 한나라 때에 처음 등장하였으며, 이 글자에 '진리'라는 의미가 든 것도 불교가 유입된 이후의 일이라고 한 것이다. 아무려면 중국 사상에 도덕적 상식만 존재하고, 사변적 사유는 부재했을까? 또 설사 부재하였다 하더라도 그것이 문명과 야만을 구분 짓는 잣대가 될 수 있단 말인가? 편견이 아닐 수 없으며, 자기만의 역사에 근거해 타자를 규정짓는, 자기들은 문명이고 타자는 야만이라는, 극히 서구중심의 사유가 아닐 수 없다. 물론 이러한 생각은 포스트모던 시대로 접어들면서 상당히 수정되었지만, 그것이 세부적인 각론에서 서구의 편견이나 잘못된 인식을 바로 잡는 것은 동양 학자의 몫으로 남아있다.

헤겔 하우스(Hegel's House), 독일 슈투트가르트(Stuttgart)에 있는 생가이기도 하다. 여기서 1770년에 태어나 1788년까지 18년 동안 살았던 곳이다.

4. 중국에서의 진(眞)의 등장과 의미

정말 진리를 뜻하는 진(眞)은 한나라에 들어서야 출현하고, 서구의 진리라는 개념은 불교가 들어온 이후에나 생긴 개념일까? 그래서 중국에는 진정한 진리의 개념이 존재하지 않았고, 출현도 매우 늦으며, 그래서 진정한 의미의 철학이 없었던 것일까?

서구 학자들의 이러한 인식은 상당 부분 사실처럼 보인다. 진(眞)이 한나라 때의 사전 『설문해자(說文解字)』에서 처음으로 해석되었고, 거기서도 진(眞)은 '신선'의 의미로 쓰였을 뿐 '진리'나 '참'이라는 추상적 개념으로 쓰인 것도 아니며, 불교가 중국으로 유입한 후 진(眞)에 진체(眞諦: 제일의 진리)처럼 진리라는 개념이 들게 된 것도 사실이기 때문이다.

그러나 그들이 놓쳤던 것은 다음의 몇 가지가 있다. 첫째, 진(眞)의 실제 출현 시기가 그보다 이르다는 사실이다. 둘째, 진(眞)으로 분화하기 전의 글자가 이미

『설문해자』, 급고각 장판, 북송 때의 판본. 『설문해자』는 허신(許愼)에 의해 A.D.100년에 완성된 중국 최고의 한자 해설 사전이다.

갑골문 시대부터 존재했다는 사실이다. 셋째, 다른 문화체계를 가진 중국에서 '진리'는 서구와 다른 방식의 다양한 인식이 존재한다는 사실이다.

허신(許愼)이 편찬한 『설문해자』는 중국뿐 아니라 인류사에서도 매우 의미 있는 위대한 저작이다. A.D. 100년에 당시에 볼 수 있었던 모든 한자라 할 9,353자(최근의 복원 자료에서는 9,833자)에 대해 일일이 그 자형의 유래와 의미와 의미 파생 및 독음에 대해 하나하나 밝혀놓은 방대한 한자 어원 사전이다. 지금으로부터 약 1900여 년 전에 이렇게 방대하며 체계적인 어원사전을 만들었다는 것 자체가 경이로운 일이 아닐 수 없다.

『설문해자』에 등장하는 진(眞)의 해석은 다음과 같다.

> 모습을 변화시켜 하늘로 올라가는 신선의 모습을 그렸다. 제일 위쪽 부분은 화(匕), 가운데 부분은 목(目)과 은(乚)으로 구성되었으며, 제일 아래쪽 부분은 하(∥)로 구성되어, 타고 올라가는 기구를 그렸다. 진(ﾐ)은 진(眞)의 고문체이다. (僊人變形而登天也. 从匕目乚 ; ∥, 所以乘載之. ﾐ 古文眞.)

그러나 『설문』의 방대한 목록 중 진(眞)자의 자형만큼 그 설명이 모호한 것은 없다. 허신은 진(眞)을 '화(匕: 化의 원래 글자)와 목(目)과 은(乚)과 하(∥)'의 네 부분으로 분리하여 '신선'을 모습을 그린 것으로 해석한다. 도교적인 색채가 명백한 부분이다.

그러나 뭔가 복잡하고 잘 이해되지도 않으며, 당시의 자형과도, 의미와도 잘 맞아 떨어지지가 않는다. 위대한 한자학자 허신이었지만, 그 당시에 이미 진(眞)자의 원형과 변화과정을 제대로 이해하지 못할 정도로 변화가 심했던 때문으로 보인다.

다행스럽게도 20세기 후반에 들어 대량으로 출토된 춘추전국 시대 때의 청동기 명문에서 그 원래의 흔적들을 찾을 수 있었다. 이들 자료에 의하면, 진(眞)은 기본적으로 '화(匕)'와 '정(鼎)'으로 구성되었음을 알 수 있었다.

물론 때에 따라서 '정(鼎)'은 '패(貝)'로 변하기도 했으며, 독음을 구체화하고자 '정(丁)'이 더해지기도 했고, 정(鼎)의 아랫부분이 '기(丌)'로 변하기도 했지만, 이들은 모두 '화(匕)'와 '정(鼎)'으로 구성된 기본형에서 변한 것들이라 할 수 있다. 이러한 구조를 가진 진(眞)은 사실 그전의 갑골문에서 다름 아닌 정(貞)자였다. 즉 정(貞)자에서 분화된 글자가 진(眞)이었다.

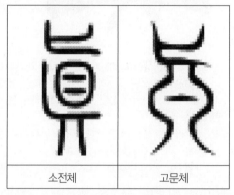

| 소전체 | 고문체 |

『설문해자』에 실린 '진(眞)'의 서체. 왼쪽은 진시황의 문자 통일 과정에서 제정됐던 표준 서체인 소전(小篆)체, 오른쪽은 문자 통일과정에서 사라진 것으로 추정되는 지역 서체로, 소전체보다 오래되었다는 의미에서 보통 고문(古文)이라 부른다.

5. 진(眞)과 정(貞)의 관계

진(眞)과 정(貞). 한나라 때의 표준 서체인 '예서(隸書)'이다. 예서는 노예(奴隸)를 관리하던 하급 관리가 쓰던 서체라는 뜻에서 '예서(隸書)'라 불렀다고도 하며, 당시의 표준체인 소전(小篆)을 보좌해서 쓰던 보조적 서체라는 뜻에서 '예서(隸書)'라 불리게 되었다고도 한다.

정(貞)은 갑골문에서 아주 자주 등장하며 매우 중요한 글자이다. 지금은 복(卜)과 패(貝)로 구성된 정(貞)으로 쓰지만, 갑골문 당시에는 복(卜)과 정(鼎)으로 구성된 '정(鼎)'으로 썼는데, 정(鼎)이 간단한 모습의 패(貝)로 변해 지금의 자형(貞)이 되었다. 정(貞)을 구성하는 복(卜)은 거북점을 칠 때 불로 지진 곳이 갈라진 모습을 그린 글자이고, 이 갈라진 모습이 점괘를 해석하는 근거가 된다. 그래서 복(卜)이 '점을 치다'는 뜻을 가지게 되었다.

'발이 셋 달린 솥'을 그린 정(鼎)은 신에게 제사를 드릴 때 쓰던 다양한 기물, 즉 청동 예기(禮器)의 대표이다. 그래서 정(鼎)은 제기를 상징하고, 제기는 권력의 상징이었고, 그래서 '세 발 솥'을 지칭하는 정(鼎)은 국가나 조정을 뜻하기도 하였으며 구정(九鼎)은 천자 국을 뜻한다. 갑골문 시대에는 정(鼎) 그 자체로도 '(신에게) 묻다'는 뜻의 동사로도 쓰였다. 신권 통치가 이루어졌던 상나라 당시를 배경으로 하였기 때문일 것이다.

그래서 복(卜)과 정(鼎)으로 이루어진 정(貞)도 당시에는 '신에게 묻다'는 뜻이었다. 『설문해자』에서도 정(貞)을 '물어보다(問也)'라는 뜻으로 풀이했고, 한나라 때의 위대한 경학자 정현(鄭玄)도 "나라에 큰일이 있으면 거북점이나 시초 점을 쳐 물어본다."라고 했다. 신에게 거북점을 통해 국가의 중요한 일을 물어보고 갈라진 흔적을 보면서 신의 뜻과 의지를 해석해 내던 점복관을 '정인(貞人)'이라 불렀다.

갑골문에서 '정인'은 중요한 역할을 담당했다. 그들은 성직으로 세습되었고, 어떨 때는 왕이 직접 이 역할을 맡기도 했다. 그만큼 중요하고 성스러운 존재였다. 물론 지금은 당시의 뜻을 잃어버리고, '곧다', '정직하다'는 뜻으로 쓰이는데, 마치 복(卜)의 자형처럼 불에 의해 쩍쩍 직선으로 갈라지는 거북딱지의 흔적에서 '곧다'는 뜻이, '신의 의지를 정확하게 해석해 내다'는 뜻에서 '정직하다'의 뜻이 나왔을 것이다.

이렇게 볼 때, '진(眞)'의 자원과 '진리'의 근원은 신의 의지를 묻는 점복 행위를 지칭하는 '정(貞)'에서 찾을 수 있고, '정(貞)'이 '정(正)', 즉 옳다는 뜻으로 해석되기도 했던 것은 점복 행위 이후에 사후적으로 확립된 뜻이라고 볼 수 있다.

청동기 명문에 주조된 '진(眞)'의 각종 자형. 빠른 것은 서주(西周) 때의 것도 있으나 대부분 동주(東周) 때의 것이다.

게다가 '정(貞)'과 통용되는 '정(鼎)'은 신의 의미를 묻는 점복 관련 의식의 상징이며, 의식의 대표 기물인 정(鼎)으로 해당 의미를 강조했다고 풀이할 수 있다. 더구나 이러한 행위가 점복이라는 점을 강조하기 위해 '복(卜)'을 더한 '정(鼑)'을 탄생시켰다고 추정할 수 있다.

그렇다면, 그리스어에서 진리가 '탈(a)' '은폐(letheia)'를 의미하는 '알레테이아(aletheia)'에서 '베리타스'로 옮겨갔듯이, 중국에서도 숨겨져 있는 신의 의지를 묻기 위해 점복을 행하고, 갈라진 거북딱지의 흔적으로 보면서 '은폐된 신의 의지를 묻는' 행위에서, 사후적으로 이 행위를 통해서 정확성을 확증하는 '정(正)'의 의미로 옮아가는 과정은 묘하게도 서구와 크게 다를 바가 없다.

따라서 인간에게 드러내는 행위인 정(貞)과 그런 행위를 주관했던 정인(貞人)이 바로 '진리'의 출발이자 근원이라고 할 수 있다.

6. 이후의 변화

이렇듯 한나라 『설문해자』에서 처음 해설이 붙여진 진(眞)은 사실 『설문해자』의 한나라가 아니라 훨씬 이전의 주나라 때의 금문에서부터 등장했다. 게다가 그전으로 거슬러 올라가면 상나라 갑골문의 정(貞)자가 이의 원형이며, 정(貞)은 거북점을 통해 '신의 의지를 물어보고' '그 숨겨진 의지를 드러내는' 점복행위에 기원을 둔다.

다만, 전국시대 말과 한나라 초기에 들면서 신선 사상의 유행으로 우주만물의 변화원리를 터득한 사람을 부를 진인(眞人)이 등장하게 되면서, 새로 만들어진 진(眞)이 정(貞)과 점차 분리되었다. 그 과정에서 새로 만들어진 진(眞)이 진인(眞人)을 지칭하여 원래의 의미를 계승하였다면, 정(貞)은 파생의미인 '곧다'와 '옳다'의 뜻으로, 그 역할 분담하였을 것이다. 그러다가 외래의 불교가 들어오면서 '진리'라는 개념을 진(眞)으로 표기하여 오늘에 이르게 되었다.

이렇게 보면, 중국에서의 진(眞)은 사실 『설문해자』 훨씬 이전의 금문시대에 이미 등장했고, 더 거슬러 올라가 갑골문 시대의 정(貞)에서 그 원형을 찾을 수 있다. 그리고 진(眞)의 원형이 되는 정(貞)은 그리스어에서 '진리'를 뜻하는 '알레테이아(aletheia)', 즉 '탈(a)' '은폐(letheia)'와 다르다고 볼 수도 없다.

그렇다면 중국이라고 서양과 다를 것이 없었다. 진리를 이렇게 '숨겨진 것을 드러내는 것'으로 개념화하게 되면, 그것은 인간의 실재(reality)의 대면이자, 인간의 실천과 무관하지 않은 동양적인 사유와 만나게 된다.

게다가, 중국인들은 환경적 요소 때문에 서구와는 다른 발전 방향을 갖게 되었다. 즉 표상하는 개념이 있을 때 비로소 존재한다고 생각하는 서구인들과는 달리, 한나라 이전의 중국인들은 진리란 '수행적인 것'이지 언어적인 것으로 생각하지 않았다. 그래서 그들은 서구인들처럼 '진리는 무엇인가?'와 같은 질문은 하지 않았으며, 그보다는 행함(doing), 혹은 어떻게 올바른 행동으로 나아갈 것인가를 그들의 관심사로 삼았다. 그들에게서 주체와 객체, 혹은 인간과 세계는 이분법적 관계 속에서 인식되는 것이 아니라, 전일적인 일자의 관계 속에 거주한다. 이러한 전통은 직관을 통한 앎과 연결되는 것으로, 논리학이나 인식론을 통하는 것이 아니다.

사실 논리가 없다고 해서 진리가 없는 것은 아니다. 동양에서는 단지 언표의 차원에서 진리를 고려하지 않았을 뿐이다. 동양은 개념을 역사적이고 인류학적인 맥락에서 분리시키지 않았고, 물질 속에 이성이 내재하고 이성 속에 물질이 내재한다는 전일적 관점을 취해왔다. 그래서 서양에서 분석철학이 지배적이라면 동양에서는 해석학이 중요한 문제가 되었다.

그러므로 사유의 방향이 다르다면, 한자에서 반드시 서구 사유에 상응하는 요소를 찾아내는 것이 목표가 될 수는 없고, 서구의 '진리'에 해당하는 번역어를 한자에서 찾아내는 것이 '진리' 탐구의 접근방법이 될 수 없을 것이다. 그것은 영어에 관계대명사가 있기 때문에 반드시 중국어에도 이에 상응하는 문법소가 있어야 하고, 그런 것이 존재하지 않는다면 열등한 문화라는 식의 오리엔탈리즘에 다름이 아니기 때문이다.

7. 오리엔탈리즘의 극복과 한자

이렇게 서구철학이 동양에 수입될 당시의 지배적이었던 진리관의 문제점에 대해 인식하게 된다면, '진(眞)'의 출현이 『설문』에서야 등장하기 때문에 그전의 중국에는 진리라는 개념이 존재하지 않았다는 주장, 그리고 진리와 허위의 짝패가 존재하지 않았기 때문에 진리가 없다는 주장은 이론적이나 어원적으로도 반박할 수 있게 된다. 즉 '진(眞)'에 대한 문자학적 분석을 통해 '진(眞)'이 등장하기 전, '진(眞)'의 더 오래된 형태가 어떻게 진리를 표현했는가를 살펴볼 수 있으며, 그와 동시에 은폐된 것을 드러내는 과정을 통해 진리의 근원을 찾아볼 수 있기 때문이다.

한자는 동양문명의 핵심이다. 철학 문헌이 형성되기 이전의 근원적인 모습을 담고 있다. 심지의 문자가 형성되기 이전의 숱한 축적된 기억을 담고 있다. 그래서 한자의 어원 연구는 동양 문명의 근원 연구에 다름 아니다.

게다가 동양은 이 한자를 기반으로 문명을 형성해 왔다. 데리다가 서양 문명을 '음성중심주의 문명', '로고스중심주의 문명'이라 칭했다면, 동양문명은 '문자중심주의 문명'이라 부를 수 있을 것이다. 그러나 서구의 음성이나 로고스와 동양의 문자가 본질적으로 다르지 않다. 그래서 이들 간에 문명과 야만은 존재하지 않는다. 왜 그런지는 제2장의 문(文)에 관한 부분에서 계속 논하기로 한다.

01-1	참 진	眞	真, zhēn

眞金文

古陶文 簡牘文

說文小篆 說文古文

　'진리'란 무엇일까? 과연 헤겔의 말처럼 중국에서 '진리'의 발달은 늦었고, 그것을 뜻하는 眞은 한나라 이후에서야 등장했는가? 그래서 중국은 철학이 없는 나라였을까?

　眞은 금문에서부터 등장하는데, 匕(될 화, 化의 생략된 모습)가 의미부이고 鼎(솥 정)의 생략된 모습이 소리부로 보인다. 『설문해자』에서는 "眞은 신선이 모습을 변화시켜 승천하는 것을 말한다. 匕와 目(눈 목)과 ㄴ과 八(여덟 팔)로 구성되었는데, 八은 신선의 탈 것을 말한다."라고 했다. 하지만 금문의 자형과 어떤 연계도 지을 수 없다.

　眞이 금문에 들어 등장하는 것으로 보아 이의 개념은 전국시대 말부터 유행한 신선사상과 관련 있는 것으로 보인다. 하지만 그 근원은 상나라 때의 점치는 행위를 뜻하는 貞이나 점복관을 뜻하는 貞人(정인·점복관)에서부터 찾을 수 있을 것이다.

　貞은 갑골문에서 의미부인 卜(점 복)과 소리부인 鼎으로 구성되었다. 하지만 이후 鼎이 貝(조개 패)로 잘못 변해 지금의 자형이 되었다. 卜은 거북점을 칠 때 불로 지져 열에 의해 갈라지는 거북딱지의 형상이고, 그 갈라진 각도나 모양으로 점괘를 판단한 데서 '점'이라는 뜻이 나왔다. 그래서 貞은 원래 신에게 '물어보다'는 뜻으로 사용되었다. 이후 불에 지져진 거북딱지가 직선을 그리며 갈라진 데서 '곧다'는 뜻이 나왔고, 지금은 '곧다'는 의미가 주로 쓰인다.

그래서 貞人은 상나라 당시 최고의 점인 거북점을 주관하고 점괘를 판단하던 점복관을 말한다. 때로는 상나라 왕이 직접 貞人의 구실을 한 것으로 보아 그 지위가 대단히 높았음을 알 수 있다.

신과 교통하고 신의 말을 인간세계에 전달해 주던 상나라의 貞人처럼, 주나라에 들면서 천지간의 道(도)를 체득한 仙人(선인)을 부를 다른 명칭이 필요해졌다. 그것은 신탁의 시대로부터 인문의 시대로 역사가 진전했음의 상징이기도 했다. 그래서 貞으로부터 분화된 글자가 眞이고, 이후 眞人(진인)은 이러한 사람의 최고 호칭이 되었다. 그래서 眞은 신의 소리를 듣고자 점복을 행할 때의 몸과 마음가짐처럼 '眞實(진실)됨'과 '참됨', 그리고 眞理(진리)라는 뜻으로까지 확장되었던 것으로 보인다. 현대중국의 간화자에서는 真으로 쓴다.

01-2	곧을 정	貞	贞, zhēn

甲骨文 金文 古陶文 簡牘文 說文小篆

'곧은 절개'를 뜻하는 정절(貞節)의 貞은 원래는 卜(점 복)과 貝(조개 패)로 구성되었지만, 원래는 卜이 의미부고 鼎(솥 정)이 소리부인 구조였다. 청동 제기(鼎)를 차려 제사를 지내고 점을 쳐(卜) '신에게 물어 보던' 것을 말했는데, 이후 곧다, 곧은 절개, 貞節(정절), 충절 등의 뜻이 나왔다.

鼎은 불을 때 음식을 익히던 대표적인 조리 기구를 말하고, 卜은 거북점 등에서 불로 지져 갈라진 금의 모양(卜)을 뜻한다. 거북 점(卜) 등을 칠 때 불로 지지면 딱딱한 뼈가 열을 받아 '곧바른' 모습으로 갈라지게 되는데, 그 모습에서 '곧다'는 뜻이 나왔다.

이후 전국시대에 들면서 鼎은 자형이 비슷한 貝(조개 패)로 잘못 변해 지금의 자형이 되었는데, 이러한 변형은 한자에서 자주 보이는 현상이다. 이 때문에 현행 옥편에서 貞자를 貝(조개 패) 부수에 귀속시켜 놓았다.

貞은 眞(참 진)과 같은 데서 근원하여 하나는 '점을 치다', 다른 하나는 신의 의지를 물어보아 숨은 뜻을 해석해내는 '진리'라는 뜻으로 분화했다. 현대중국의 간화자에서는 贞으로 쓴다.

01-3		鼎	dǐng

甲骨文

金文

簡牘文

說文小篆

'세 발 솥'으로 잘 알려진 鼎은 고대 청동기 중 가장 대표적인 기물이다. 세 개의 발(足·족)과 볼록한 배(腹·복)와 두 귀(耳·이)를 가졌는데, 발에 무늬를 그려 화려함을 돋보이게 하기도 했다. 소전체로 오면서 두 귀와 몸통이 합쳐져 目(눈 목)으로 잘못 변해 지금의 자형이 되었다.

세 발은 균형을 잡는데 가장 이상적인 구도로 알려졌다. 그래서 鼎立(정립)은 솥(鼎)의 세 발이 균형을 잡고 선(立) 것처럼 세 나라나 세력이 팽팽하게 대립하는 것을 말한다. 네 발로 된 것도 보이지만 세 발로 된 것이 정형이며, 네 발로 된 것은 方鼎(방정)이라 불렀다.

鼎으로 대표되는 청동기는 권력의 상징이었다. 그래서 九鼎(구정)은 고대 중국이 9개의 주(州·주)로 나뉘었던 것처럼 국가 정통성의 대명사였다. 또 鼎革(정혁)은 국가 정통성의 상징인 솥(鼎)을 바꾼다(革)는 뜻으로 革命(혁명)과 같은 뜻이다. 또 定鼎(정정)은 솥(鼎)을 제자리에 놓았다(定)는 뜻으로부터 나라를 다스리는 대업을 시작했다는 뜻이 나왔고, 問鼎(문정)은 "솥(鼎)에 대해 수소문한다(問)."는 뜻으로부터 '권력을 넘보다'는 뜻이 나왔다.

이 때문에 고대 중국에서는 鼎의 사용도 엄격하게 규정되었는데, 천자는 9세트, 제후는 7세트, 사대부는 5세트의 솥을 사용하게 했다고 한다. 鼎으로 구성된 글자들은 모두 '솥'이라는 의미가 들어 있다.

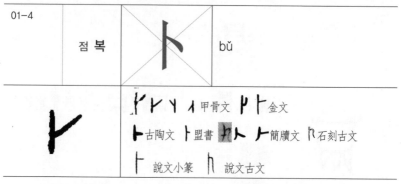

01-4		
점 복	卜	bǔ

‘앞날의 운수와 길흉 따위를 미리 판단하는 일’을 뜻하는 ‘점’은 그 자체로 불완전한 ‘인간의 지능으로 예측할 수 없는 미래사를 추리 판단하는 행위’를 가리킨다. 고대 중국에서는 이러한 방법으로 복서 (卜筮)법이 유행했는데, 卜은 거북점을 말하고, 筮는 시초 점을 말한다,

거북점을 뜻하는 卜은 거북딱지를 불로 지져 갈라진 모양을 사실적으로 그렸다. 상나라 때에는 거북딱지에 홈을 파고 거기를 불로 지져 갈라지는 모습으로 길흉을 점치던 거북점이 유행했는데, 그 갈라진 모습이 卜이다.

거북이 미래를 예견해 주는 점복의 주요 재료로 사용된 것은 거북이 장수의 상징으로 그 자체가 신비하기도 했고, 최근의 연구에 의하면 거북딱지 자체가 고대 중국인들이 상상했던 네모진 ‘땅’의 모습을 상징하여 인간 세상에 일어나는 모든 일들과 연계되어 하늘의 예견을 추측할 수 있다고 생각했기 때문이다.

卜에는 이로부터 ‘점치다’, 예측하다는 뜻이 나왔고, 갈라지는 금은 단단한 거북딱지의 특성 때문에 직선으로 곧게 나타나기에 ‘곧다’는 의미도 생겼다. 현대 중국에서는 蔔(무 복)의 간화자로도 쓰인다.

02

문(文): 음성중심주의와 문자중심주의

단순한 음역(音譯)보단 '황금색 문(門)'이 좋아

맥도날드, '마이당라오'에서 '진공먼'으로 명칭 변경
중국 전통 반영해 로컬화 확고히 하려는 의도인 듯

중국 호남성 장사의 KFC 매장 앞에서 시민들이 'KFC(肯德基)와 맥도날드는 중국을 떠나라'고 적힌 플래카드를 들고 시위를 벌이고 있다.(사진: 웨이보)

1. 맥도날드(McDonard)와 골든 아치(Golden Arches)

2017년 10월, 맥도날드 중국 본부는 맥도날드 중국명칭을 '마이당라오 (麥當勞, màidāngláo, 麦当劳)'에서 '진공먼(金拱門, jīngǒngmén, 金拱门)'으로 바꾼다고 발표했다. 이를 두고 중국에서는 한바탕 논쟁이 벌어졌다. 전자는 완전하진 않지만 그래도 'McDonard'와 발음이 비슷했다. 그러나 새로 바뀐 뒤의 이름은 맥도날드라는 발음과 전혀 관련이 없어 보였기 때문이다.

이름은 회사의 명운이 걸렸다 해도 과언이 아니다. 특히 소비자와 직접 대면하는 소비사업이면 더 그렇다. '맥도날드' 하면 패스트푸드의 상징이자 전 세계 곳곳에 가장 깊이 침투한 대표적인 다국적 기업의 하나이다. 더구나 중국에서도 끝없는 기록을 갱신하며 승승장구하던 최고 기업 중의 하나 아니던가? 2017년 현재 중국 내 지점수 2,981개에 매출액은 200억 위안(RMB), 순이익률도 5%나 되는 대단한 기업이 왜 갑자기 그간의 익숙한 이름을 버리고 이렇게 생소한 이름으로 바꾼 것일까?

▌ 2017년 10월 새로 바뀐 맥도날드 간판 진공먼.

새로 바뀐 '금공문(金拱門)'의 금(金)은 황금색을, 공문(拱門)은 아치를 뜻한다. 그래서 번역하면 '황금색 아치' 정도가 될 것이다. '금공문'은 의미와 상관없이 소리만 비슷하게 옮긴 '마이땅라오(麥當勞)'와 달리 맥도날드의 로고인 'Golden Arches'의 의미를 살린 번역이다. '황금색'은 중국인들이 좋아하는 색, 특히 황제를 상징하는 색이고, '무지개 문'이라고도 불리는 '아치'도 중국에서 교량 등에 적용되던 오래된 전통의 건축술이다. 이러한 점을 고려하면, '금공문'은 중국의 문화적 전통을 상당히 배려한 이름이다. 게다가 '맥도날드'의 M자 비슷한 노란색 로고를 그대로 연상시킨다.

그러나 네티즌들의 반응은 호의적이지 않았다. 아직은 '생뚱맞다', '촌스럽다', '암흑가를 연상시킨다'는 등 혹평이 많았다. 혹자는 내친김에 태극 문양이 든 '펩시콜라'는 '태극(太極) 콜라'로, 긴 머리를 늘어뜨린 여자를 그린 '스타벅스 커피'는 '백모녀(白毛女: 흰 머리 여성) 커피'로, 빨간 모자가 들어간 '피자헛'은 '홍모자(紅冒子: 붉은 모자) 식당'으로 고치자고 한다. 심지어 중국의 최대 포털 사이트인 '바이두(百度, Baidu)'는 로고 모양이 곰 발자국 같다고 해서 '곰 발자국[熊掌] 검색엔진'으로 고치라고 비꼬기도 한다.

그렇다면 맥도날드가 위험을 무릅쓰고 지금까지 익숙하게 통용되어왔던 음역어인 '마이땅라오(麥當勞)'를 버리고 의역어인 '진공면(金拱門)'으로 브랜드명을 바꾼 이유는 무엇일까? 여러 가지 생각을 하게 한다. 혹 이것은 음성중심의 서구 전통이 아니라 문자 중심의 중국 전통을 반영하여 맥도날드의 로컬화를 확고하게 하려는 야심 찬 의도를 숨기고 있는 것은 아닐까?

2. 중국의 문자중심주의 전통

중국은 한자를 기반으로 성장한 문명이다. 한자는 이 세상에서 사용되는 가장 대표적인 표의문자이다. 즉 의미 중심의 문자로, 글자 속에 뜻을 담고 있다. 인간의 의사를 표현해 내는 방법에는 크게 말과 문자가 있다. 말은 청각 체계이고, 문자는 시각 체계이다. 문자는 다시 크게 두 가지로 나뉘는데, 음가만 가지는 문자와 의미를 담은 문자가 그것이다. 전자의 대표가 우리한글과 영어의 알파벳이고, 후자의 대표가 한자이다. 물론 알파벳 이전의 메소포타미아 설형문자나 이집트 문자도 처음에는 의미를 표시했으나 이후 의미 표시 기능을 상실하고 음가만 표시하여 지금에 이르렀다.

구체적 형상과 추상적 의미의 결합을 통해 해당 개념을 직접 나타내는 한자를 시작부터 지금까지 사용해온 중국인들은 한자 사용이라는 특수한 환경 때문에 독특한 문화를 형성해 왔다. 그들은 한자를 사용함으로써 논리적이 아니라 직관적이고, 추상적이 아니라 구상적이며, 분석적이 아니라 총체적이며, 직선적이 아니라 순환론적인 사유가 특별히 발달했다. 그리고 다시 단절이 아닌 연속적 문명을 형성해 왔다.

▌ 지(止)의 여러 모습들. 발을 사실적으로 그렸다가 점차 추상화되었다. 처음에는 '발' 이외에 '가다'는 뜻에서 지금은 '그치다', '머물다'는 뜻으로 주로 쓰인다.

예컨대, 고대 중국인들은 '발'을 그린 '🦶, 🦶, 𠂆(止)'를 보면서 직관적으로 이것이 '발'임을 인식하고, 멈추어 선 '발'의 모습을 통해 '멈추다, 그치다'는 의미를, 또 그 멈추어 선 '발'을 통해 멈추어 서기 전과 이후로의 내딛게 될 이동을 연상하여 '가다'는 뜻을 인식했다. '가다'와 '서다'가 대칭적인 개념으로 서로 모순될 듯도 하지만 그들은 서로 연결된 총체적 개념으로 보아 모순되지 않는, 심지어 동일한 개념으로 인식했다. 이러한 사유는 '실이 헝클린 모습'을 그린 '난(亂)'을 보면서 '다스림'을 생각하고, 낙엽이 '떨어지다'는 뜻의 '낙(落)'을 보면서 '새로운 시작'을 연상하게 하였던 것이다.

그런가 하면 '선 사람'을 형상한 인(人)과 '나무'를 그린 목(木)이 결합한 휴(休, 𣓀)를 보면서 '나무처럼 무감각한 사람'이나 '사람처럼 생긴 나무' 등을 생각하는 것이 아니라 '나무 아래 쉬는 사람'을 한 장면의 그림으로 생각하여 '쉬다'는 의미를 생각하고, 이로부터 '훌륭하다', '아름답다'는 의미를 연상해 낸다. 이처럼 직관적이고, 구상적이며, 총체적이고, 순환적인 중국인들의 사유는 한자의 사용에 크게 힘입었다.

그래서 한자는 중국과 중국문명을 이해하는 근원이자 핵심 요소이다. 그들은 한자를 근간으로 문명을 구축해 왔고, 이들 주위를 살았던 한국이나 일본, 심지어 베트남도 한자를 빌려 문자생활을 함으로써 중국 문명과 비슷한 문화체계를 형성했다. 그래서 이들 지역을 '한자문화권'이라 부르기도 한다.

한자의 이러한 속성과 역할 때문에 중국인들은 줄곧 그들의 관심을 '말'이 아닌 '문자(文字)'에 두고 문자의 본질과 기능 및 관련 특성들을 연구해 왔다. 심지어 문자만이 진실한 개념이라고 생각해 왔으며, 문자가 말에 우선한다는 생각을 가져왔다. 이러한 문명 특징을 '말'이 '문자' 더 진실하고 우선하는 것으로 간주하는 서구의 전통을 '음성중심주의(logos-centrism)'라 칭했던 데리다(Jacques Derrida)의 개념과 짝지어 본다면 '문자중심주의'라 부를 수 있을 것이다.

물론 한자에서 문(文)은 더 이상 분리되지 않는 기본자를 뜻하고, 자(字)가 두 개 이상의 구성요소로 분리 가능한 글자를 지칭하는 다른 말이었고, 이후 하나라 합쳐져 '문자'로 쓰이게 된 어휘다. 그래도 문자(文字)에서도 문(文)이 여전히 핵심어이다.

3. 서구의 음성중심주의와 중국

자크 데리다(Jacques Derrida, 1930~2004). 『그라마톨로지(*De la grammatologie*)』에서 그는 서구의 철학적 전통을 로고스 중심주의 또는 음성중심주의라고 규정하면서, 말이 문자보다 우위에 선다는 견해를 비판했다.

이에 반해, 서구는 출발부터 문자보다는 말이 중요하다고 인식해 왔다. "태초에 말씀이 계셨나니, 그 말씀은 하나님과 함께 계셨다."라고 한 『성경·요한복음』의 첫 구절처럼, '말씀'은 그리스어에서 로고스인 동시에 이성이기도 하다. 이러한 '말씀'은 진리를 전달하는 유일한 매체였다. 플라톤(Plato)도 음성으로 표현된 말이 글로 된 문자보다도 언어적 진실에 더 가깝다고 생각했다. 그래서 문자는 추방되어야 할 대상으로 지목됐다. 대면하여 직접 발화

되는 말은 거짓이 있을 수 없지만, 문자는 기록되고 전달되는 과정에서 위조되고 변형될 수 있기에 추방의 대상이었다. 말이 진리였던 것이다. 그래서 '로고스(logos)'는 '음성'을 뜻하기도 하고, '진리'를 뜻하기도 한다. 또 '이성(理性)'이라는 뜻도 담고 있다. 영혼을 담은 '말'을 '진리'로 보았고, 그것이 바로 '이성적 사유'의 출발이었던 것이다.

문자에 대해 언제나 우위적인 특권을 점유했던 말, 이러한 음성중심주의 전통은 근대에 들어 서구가 세계를 지배하면서 우열 논리로 발전하게 된다. 루소(Jean Jacques Rousseau)는 "낱말과 명제를 기호로 표시하는 일은 미개한 민족에게 적합하고, 알파벳 문자는 개화된 민족에게 적합하다."라고 했는가 하면, 헤겔(Georg W. F. Hegel)도 알파벳 문자를 가장 발전한 지적인 문자로 개념화했다. 나아가 현대 언어학의 대부 소쉬르(Ferdinand de Saussure)에게도 이러한 전통은 그대로 이어졌다. 그는 문자를 언어의 내적 조직과 무관한 것으로 여겨 언어학의 대상을 '말'에 한정하고 문자는 배제했다. 또 문자를 말을 기록하기 위한 부차적 수단으로 정의했다.

과학적이고 논리적 사유를 통해 체계적으로 구성된 소쉬르의 이론은 유럽뿐만 아니라 중국의 지식인에게도 크게 영향을 미쳤다. 노신(魯迅)이나 전현동(錢玄同) 같은 학자까지도 '미개하기 그지없는' 한자의 폐기를 들고 나왔을 정도이다. "중국의 몰락을 막는 근본적인 방법은 …… 한자를 폐기하는 것이다", "한자는 표음문자가 아닌 상형문자의 말류로서, 인식하기에 불편하며 쓰기에도 불편하다. …… 이러한 문자는 자연히 그 '명줄(命)'을 끊어 버려야 한다", "한자가 없어져야 중국의 미래가 있다"라는 그들의 주장은 당시 진보적 지식계를 대표하는 보편적 인식이 되었다.

1. 제작비만 1억 위안(한화 약 173억 원)이 들어간 광동성 심천의 모택동 황금 좌상. / 2. 2017년 여름 대전시 비봉서당에서 열린 충효교실에 참가한 한 어린이가 한자 공부에 몰두하고 있다.(사진: 월간중앙)

1949년 새롭게 탄생한 중화인민공화국에서는 그들의 인식을 기반으로 곧바로 한자를 폐기하고 알파벳으로 가려는 대담한 시도가 이루어졌다. 그들은 불과 정부 수립 몇 달 만에 문자개혁위원회를 발족시키고, 과도기적 조치로 한자의 필획을 대대적으로 줄인 제1차 간화방안, 제2차 간화 방안을 반포하는 동시에 한자를 대신할 알파벳 표기법인 '한어병음방안'을 공표해 병기하도록 했다.

한자는 폐기되어야 할 대상인가? 알파벳이 한자를 대신할 수 있는가? 알파벳과 한자는 동일선상에 놓일 동등한 개념인가? 제국주의의 침략에 수천 년을 지탱해온 중국이 한순간에 무너졌고, 전통의 중국은 더 이상 중국을 구하지 못하며, 그래서 이 위기를 구하고자 마르크스 이념을 지도 사상으로 삼아 들어선 혁명정부에서는 적어도 그런 것 같이 보였다. 그래서 모택동 정부에서는 이를 강력하게 실천에 옮겼다.

그러나 등소평의 개혁개방을 통해 '중국'에 대한 자신감을 회복한 1986년, 이러한 방안은 정지되었다. 사실상 폐기에 다름 아니었다. 그리고 21세기, 새롭게 굴기한 중국은 한자를 세계 최고의, 대표적인 문자로 만들고자 한다. 그리고 미래 사회에 가장 적합한 문자가 한자라고 주장한다. 그들이 그토록 없애고자 했던 공자의 화려한 부활과 함께. 한자라는 것이, 전통이라는 것이 그렇게 단순한 문제가 아님을 보여 준다.

4. 문(文)이 '문자'?

한자에서 '문(文)'을 보통 서구에서 말한 '문자'라고 생각하고, '언(言)'을 '말'에 해당하는 개념으로 인식한다. 과연 그럴까?

문(文)은 중국에서 그 어떤 개념보다 중요한 글자이다. 그래서 인문(人文), 천문(天文), 문학(文學), 문화(文化), 문명(文明), 문예(文藝) 등 중요한 어휘를 수도 없이 만들어냈다. 어떻게 해서 문(文)에 이렇게 숭고한 개념들이 들게 되었을까?

문(文)을 최초의 어원 사전인 『설문해자』에서는 "획을 교차시키다는 뜻이며, 교차한 무늬를 형상했다"라고 하여, 획을 교차

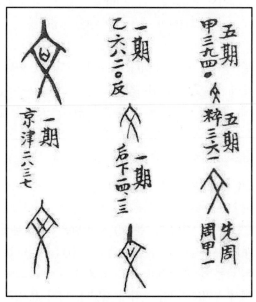

문(文)의 갑골문 자형(곽말약, 『복사통찬』). 영혼이 육체로부터 분리되도록 시신에 낸 칼집으로, 피 흘림 의식의 상징이다.

시킨 것이 '문(文)'의 원래 뜻이라고 했다. 하지만, 갑골문에 근거해 보면 '문신'이 원래 뜻이다. 바깥의 ⚟은 사람의 정면 모습이고, 중간의 ×·∨·∧·❤ 등은 가슴팍에 새겨진 무늬이다. 그래서 사람의 몸에 새긴 무늬, 즉 문신이 처음의 뜻임은 분명하다.

그러나 이 문신은 무엇을 위한 문신이었을까? 새긴 사람은 산사람이었을까? 아님 죽은 사람이었을까? 그렇게 쉽게 대답할 수도, 그렇게 단순한 문제도 아니다.

지금까지 발견된 여러 문헌과 인류학적 자료 및 해석을 종합해 볼 때, 이 문신은 자연사한 사람의 시신, 즉 죽은 사람에게 새긴 문신이다. 무엇을 목적으로 한 문신이었을까? 그것은 다름 아닌 피 흘림 의식을 위한 문신으로 보인다. 무엇이 피 흘림 의식일까? 고대인들은 죽음이라는 것을 영혼이 육체에서 분리되는 과정이라 생각했고, 피의 흐름을 통해 영혼이 육체에서 분리되며 그리하여 죽음에 이른다고 생각했다. 원시 수렵 시절, 당시에는 사고나 야수의 습격 등으로 피를 흘려 죽은 사고사가 대부분이었기 때문에 그런 생각을 했을 것이다. 그러나 사고사가 아닌 자연사한 경우에는 어떻게 해야 할 것인가? 인위적으로 피가 흐르도록 하는 조치가 필요했고, 가슴팍에 칼집을 냄으로써 피 흘림을 인위적으로 강제했다. 일정 시간이 지나 피도 나오지 않을 경우에는 피 흘림 의식을 상징하는 문신에다 붉은 염료를 몸에 치하거나 염료를 발라 뭉친 흙을 시신 주위에 뿌리기도 했다. 갑골문 사(死, ⚟)의 이체자(⚟, ⚟)에도 그 흔적이 남아 이를 증명해 준다.

그렇게 본다면, '문(文)'의 출발은 '칼집(문신)'이고, 이는 영혼을 육체로부터 분리시키기 위한 피 흘림 의식의 상징이었다. 이러한 칼집으로부터 '무늬'라는 뜻이 생겼고, 이후 획을 무늬처럼 교차시켜 만든 것이 글자라는 뜻에서 문자(文字)를 뜻하게 되었다. 다시 문자로 구성된 문장(文章), 문학(文學), 인문(人文) 등의 뜻이 나왔고, 근대 이후에는 문화(文化)와 문명(文明)이라는 뜻까지 나왔다. 그러자 원래의 '무늬'라는 뜻은 비단을 뜻하는 멱(糸)

을 더해 문(紋)으로 분화했다. 비단으로 베를 짤 때의 무늬가 가장 대표적인 '무늬'였기 때문이다.

　그래서 문(文)은 영혼이 빠져나갈 수 있는 일종의 문(門)이었고, 이 때문에 문(文)은 출발부터 '인간의 영혼'과 관련되어 있었다. 문(文)은 단순히 무늬나 글자가 아니다. '문(文)'은 정신과 육체를 연결하는 교량이며, 인간 정신의 흔적이다. 그래서 인문(人文)은 인류의 모든 정신을 포함하는 문화라는 뜻이며, 문학(文學)은 '인간학'이었지 'literature'의 번역의미인 '사상이나 감정을 언어로 표현하는 예술 행위'가 아니었고, 문인(文人)은 문학가를 지칭하는 말이 아니었다. 문화(文化)도 'civilization'이라는 번역 의미 이전에는 '인문정신으로 세상을 좋은 방향으로 나아가게 하다'는 뜻이었다. 이 때문에 문(文)은 중국에서 문장(文章)'이나 문식(文飾)을 넘어서 '문심(文心)'에 해당하는 '정신' 그 자체이며, 인문(人文)이 그 근원적 의미이다.

5. '말'이 언(言)?

마찬가지로 서구에서 말한 '말'이 한자에서 언(言)일까? 언(言)은 무엇을 그렸으며, 어떤 상징일까?

안타깝게도 '언(言)'이 '음(音)'과 '설(舌)' 등과 자형이나 의미상으로 긴밀한 연관을 맺어 관련 글자 군을 이루고 있을 뿐 아니라 상용한자로서 매우 중요한 글자임에도, 이의 어원은 아직 명확하게 밝혀져 있지 않다.

『설문해자』에서도 "그저 말하는 것을 언(言)이라 하고 논란을 벌여 변론하는 것을 어(語)라 한다. 구(口)가 의미부이고, 건(辛)이 소리부이다."라고만 하였을 뿐 '언(言)'의 구체적인 어원을 밝히지는 않았다. 이후, 송나라 때의 정초(鄭樵)는 사람의 '혀'를 그렸다고 했으며, 갑골문이 발견된 이후 곽말약(郭沫若)과 서중서(徐中舒) 등은 퉁소, 생황, 나팔, 종 등 악기를 그렸다고 했다. 또 일본의 시라카와 시즈카(白川靜)는 신에 대한 맹세 때 위약에 대한 처벌의 상징으로서의 형벌 칼과 그것을 넣어 두는 그릇을 그렸다고 주장했다.

그러나 자형을 자세히 분석해 보면, 언(言, 𠴳)은 '건(辛)'이나 '신(辛, 𠂤)'과 '구(口)'로 구성되었다. 건(辛)이나 신(辛)은 대나무를 깎아 만든 피리인데, 그 위쪽은 확음통(擴音筒)을 그렸으며, 맨 아래쪽의 구(口)는 피리나 퉁소 등 악기의 입(reed)을 상징했다. 아니면 악기를 부는 사람의 입일 수도 있다. 그리고 간혹 양쪽에 든 비스듬한 두 획은 대(竹)의 잔가지로 추정할 수 있다.

그렇다면 언(言)은 대로 만든 '퉁소'가 원래 뜻이고, 악기에서 나는 '소리'를 뜻했다. 이후 의미가 확장되어 사람의 소리까지 뜻하게 되자, 원래 뜻은 죽(竹)을 더해 언(管: 큰 퉁소)으로 분화한 것으로 추정할 수 있다. 이렇게 볼 때, 언(言)은 그 출발이 사람의 소리가 아닌 악기의 '소리'이다. 즉 사물의 소리, 사람과는 관계없는, 인간의 영혼과 연계되지 않은 단순한 '소리'일 뿐이었다.

이 때문에 한자에서 언(言)으로 구성된 글자들, 예컨대 와(譌)나 와(訛)는 '거짓'을, 변(變)은 '변함'을, 유(誘)는 '꼬드김'을, 사(詐)는 '속임'을, 황(謊)은 '황당함'을, 유(諛)는 '아첨'을, 과(誇)는 '과장함'을, 저(詛)는 '저주함'을, 비(誹)는 '헐뜯음'을 말하는 등 부정적 의미 일색이다. 문(文)이 출발부터 사람의 영혼과 관계되어 그로 구성된 글자들이 좋은 의미 일색인데 반해, 언(言)은 사람의 영혼과 관계없는 악기의 '소리'일 뿐이라 가변적이며 위선적이며 부정적이고 가짜라는 의미를 담았다.

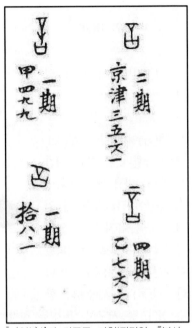

'언(言)'의 갑골문 자형(곽말약, 『복사통찬』). 대로 만든 통소를 그렸으며, 아랫부분은 악기의 입(reed)를 상징했다.

이처럼 어원적으로 살펴본 '언(言)'은 서양의 랑그(langue) 개념과는 달리 인간 이성의 궁극적인 표상으로서 로고스의 역할이 아니라, 시간이 흘러가면서 계속 변화되는 것이며, 공간이 달라졌을 때 원래 기능을 유지할 수 없는 가변적인 것으로 인식되었던 것으로 보인다.

다시 말해, 한자에서 '언(言)'은 영혼의 본성에 대해 통찰하도록 하는 특징을 지닌 것이 아니라 가변적이고 그래서 믿을 수 없는 '성음(소리)'이라는 의미를 담았으며, 이러한 '언(言)'은 영혼 안의 지식을 전달하지 못하고, 발성 기관의 소리에만 의존하는 것으로서 오히려 지혜의 실체를 망각하는 매개로서 생각되었던 것으로 보인다.

6. 한자와 미래

그렇다면, 서구에서 인간 이성의 궁극적인 표상으로서 로고스로 삼았던 '말'은 언(言)이 아니라 '문(文)'에 해당한다. 그리고 시간이 흘러가면서 계속 변화하고 공간이 달라졌을 때 원래 기능을 유지할 수 없는 가변적인 것으로 인식되었던 '문자'는 문(文)이 아니라 '언(言)'에 해당한다 할

한나라 때 유행했던 문(文)의 예서체.

수 있다. 즉 서구의 '문자'는 한자에서 문(文)이 아니라 언(言)이고, 서구의 '음성(로고스)'은 한자에서 언(言)이 아니라 문(文)이다.

이렇듯 서구에서 말, 즉 로고스(logos)가 진리라면, 중국에서는 문자, 즉 문(文)이 그에 해당한다. 이들은 모두 인간의 영혼과 관련되어 있고, 영혼을 전달할 수 있기 때문에 해당 문명의 핵심이 되었다. 그렇다면 '로고스 중심주의'나 '문자중심주의'가 별개의 것이 아니다. 이름만 다를 뿐 실체는 같다.

이름만 다를 뿐 실체가 같다면 이에 우열이 존재할 수 없고, 문명과 야만의 구분이 존재할 수 없다. 서구의 알파벳이 '음성'을 중시하면서 걸어온 길이나, 한자가 의미나 뜻을 중시하면서 걸어온 길은 같다. 그래서 알파벳이 낮고, 한자가 못한 것이 아니다. 문명의 차이이고 그것이 자라온 환경의 차이일 뿐이다.

그런데도 중국은 20세기 내내 단순한 논리에 오도되어 한자를 없애고 알파벳으로 가려 했다. 가장 중국적인 것을 버리고, 인류 최고의 전통을 끊어버리려 했던 것이다. 큰 착각이자 오류가 아닐 수 없다. 다행히 20세기 말부터 오류를 바로 잡아가고 있긴 하지만 말이다.

우리는 특수한 문자 환경에 살고 있다. 한자와 한글이 공존하는 문자 환경이 그것이다. 표의 체계인 한자를 빌려 쓰다가, 15세기 표음문자인 한글을 발명했고, 20세기 이후로는 한글 중심의 문자 생활을 하고 있다. 그러나 그 기반은 여전히 한자다. 그런데도 한자를 외래의 것으로, 버려야 할 대상이라 주장하는 사람이 많다.

우리에게 한자가 과연 버려야 할 유산인가, 아니면 활용할 유용한 자산인가를 진지하게 생각해볼 때이다. 특히 4차 산업혁명 시대에서, 두 가지 체계를 함께 사용해 온 우리의 전통이 어쩌면 알파벳과 한자로 대표되는 동서양 사유의 장점을 함께 갖춘 미래형 민족을 만들게 하지 않을까 생각해 본다. 잘 나가던 세계 기업 맥도날드가 더욱 중국화하기 위해 그들의 이름을 음역에서 의역으로 바꾼 '변신'과 '진화'는 사사하는 바가 크다.

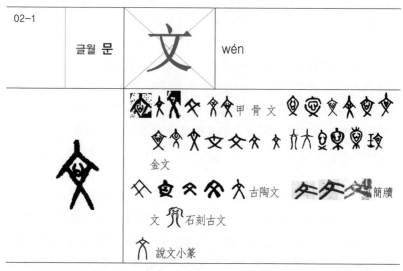

| 02-1 | 글월 문 | 文 | wén |

說文小篆

한자에서 가장 중요한 글자의 하나가 文이다. 그것은 文이 문자나 글의 상징을 넘어서 人文에서 보듯 인간의 문화, 문물, 질서 등 인간의 모든 고급적 행위를 지칭하기 때문이다.

그럼에도 文의 어원에 대해서는 의견이 분분하다. 『설문해자』에서는 "획을 교차시키다는 뜻으로, 교차한 무늬를 형상했다.(錯畫也. 象交文)"라고 하여, 획을 교차시킨 것이 文의 원래 뜻이라고 했다. 하지만 갑골문에 근거해 보면 '文身(문신)'이 원래 뜻이다. 바깥의 人은 사람의 모습이고, 중간의 ×·ㅅ·ㅅ·亅 등은 가슴팍에 새겨진 무늬이다.

혹자는 금문의 용례를 중심으로 文을 제사 지낼 때 신위 대신으로 그 자리에 앉혀 제사를 받게 했던 尸童(시동)과 연계시켜 해석하기도 했다. 그러나 이러한 제사 제도가 확립되기 전으로 거슬러 올라가게 되면, 죽음이라는 것을 영혼이 육체에서 분리되는 과정이라 생각했고 그것은 피 흘림을 통해 이루어졌다는 원시인들의 죽음에 대한 인식에 근원 한다.

당시에는 사고나 야수의 습격 등으로 피를 흘려 죽은 사고사가 대부분이었는데, 그런 경우가 아닌 자연사한 경우에는 인위적으로 칼집에 의한 피 흘림 의식을 행해 죽은 사람의 영혼이 육신으로부터 분리될 수 있게 하였다. '文'은 죽은 사람에 대한 이러한 신성화한 기호를 말한다. 죽은 시신을 묻을 때에는 붉은색을 가슴팍에다 칠하여 이러한 의식을 상징화하기도 했다.

이렇게 볼 때, 文의 옛 형태는 사람의 가슴에 어떤 무늬를 새겨 놓은 것을 형상한 것으로 보인다. 고대 중국인들은 죽음을 육체로부터 영혼이 분리하는 것이라 생각했고, 이 분리는 피 흘림을 통해 이루어진다고 믿었기 때문에 피 흘림 없이 시체에다 문신을 그려 넣었다. 이것을 그린 것이 文이고 그래서 이의 처음 뜻은 '무늬'이다.

문자란 일정한 필획을 서로 아로새겨 어떤 형체들을 그려낸 것이다. 그래서 무늬라는 의미의 文에 '文字(문자)', 즉 '글자'라는 의미도 담기게 되었다. 이후 이러한 글자로 쓰인 것, 즉 '글'을 '文章(문장)'이나 '문학작품'이라 하게 되었다. 이렇게 되자 文은 '문자'나 '문장'이라는 의미로 주로 쓰이게 되었고, 처음의 '무늬'라는 의미를 나타낼 때에는 다시 糸(가는 실 멱)을 더하여 紋(무늬 문)으로 표시했다. 물론 糸이 더해진 것은 베를 짜는 과정에서의 무늬가 생활과 상당히 밀접하게 연관돼 있었기 때문으로 보인다.

그리하여 文은 시신에 낸 무늬로부터 시각적 아름다움이, 다시 시각은 물론 철학적 형식미로까지 발전하여 급기야 文學(문학)과 문학 행위까지 지칭하는 의미로 확장되었다.

| 02-2 | 말씀 언 | 言 | yán |

甲骨文 金文 盟書 簡牘文 說文小篆

'말'은 인간을 동물과 구별하게 하고, 문자와 함께 인류의 문명을 일구어 인간을 진정한 만물의 영장으로 만든 도구이다.

한자에서 '말'을 뜻하는 言은 보통 입과 혀 그리고 거기서 나오는 '말'을 상징하는 가로획이 더해진 것이 言(말씀 언)이라는 해석이 일반적이다. 하지만 갈라진 모습을 한 혀가 사람의 혀를 그렸다고 보기는 어렵다. 그래서 피리 같은 악기나 종을 그렸다는 설 등 의견이 분분하다.

言의 고대 자형과 言으로 구성된 여러 한자들을 분석해 볼 때, 言은 피리 모양의 악기의 입(reed)과 댓가지(竹·죽) 그리고 거기서 나오는 '소리'를 멀리까지 가게 하기 위한 확음통을 그린 것으로 보아야 할 것이다. 이는 言이과 같은 어원을 가지는 音(소리 음)이나 舌(혀 설)도 마찬가지이다.

言이 악기의 '소리'에서 사람의 '말'로, 다시 말과 관련된 여러 뜻을 갖게 되었다. 그러나 文(글월 문)이 육체에서 영혼을 분리시키기 위해 낸 사람 몸의 칼집에서 기원하여 출발부터 '영혼'과 연계되어 숭고한 의미를 가졌단 반면, 言은 사람의 영혼과는 관계없는 악기의 '소리'에 지나지 않아 '부정적' 의미를 가진다.

이 때문에, 言으로 구성된 글자에는 일반적인 언어행위 외에도 말에 대한 고대 중국인들의 인식이 잘 반영되어 있다. 먼저, 말은 믿을 수 없는 거짓, 속임의 수단이었으며, 말을 잘하는 것은 능력이 아닌 간사함이자 교활함에 불과하였다. 그 때문에 말의 귀착점은 언제나 다툼이었다. 이처럼 言에는 부정적 인식이 두드러진다. 이 점은 동서양에서의 '말'과 '문자'의 속성과 관련지어 주목해볼 만한 지점이다.

02-3			
매울 **신**	辛		xīn

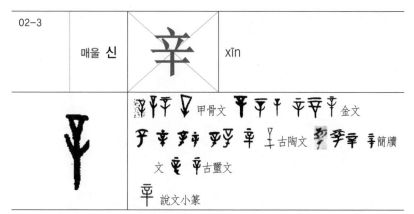

辛은 한국인들에게 가장 잘 알려진 한자 중의 하나이다. '신라면' 때문인데, 사실 辛의 어원은 그다지 아름답지는 않다.

辛은 갑골문에서 肉刑(육형)을 시행할 때 쓰던 형벌 칼을 그렸는데, 위쪽은 넓적한 칼날 아래쪽은 손잡이다. 금속으로도 만들었겠지만 대를 깎아 만든 것이 대부분이었다.

辛은 죄인에게 형벌을 집행하고, 노예들에게 노예 표시를 새겨 넣던 도구로 쓰였다. 이 때문에 辛이 들어간 글자들은 모두 형벌용 칼과 관련되어 있다. 예컨대, 妾(첩 첩)은 원래 형벌을 받은 여성 죄수를 말했고, 죄(罪)의 원래 글자인 辠(허물 죄)는 코를 자르는 형벌을, 宰(재상 재)는 집안에서 형벌을 마음대로 집행할 수 있는 권한을 가진 자를, 辟(임금 벽)은 형벌 칼에 잘려진 살점으로부터 그러한 권한을 가진 '임금'을 뜻했고 대벽(大辟)에서처럼 사형을 뜻하기도 했다.

이처럼 辛은 고통과 아픔(辛苦·신고)의 상징으로 쓰이며, 이 때문에 '맵다'는 뜻까지 지칭하였다.

화(和): 다름에 대처하는 올바른 자세

"조화로우면 크게 되고, 즐거우면 오래 간다"

온갖 차이 품에 끌어안는 하늘과 땅의 이치 녹아들어
끼리끼리 하는 것, 일방으로 가는 것은 망함의 지름길

2015년 성탄절을 앞두고 대구의 한 사찰 스님들과 산하 유치원의 원아(院兒)들이 크리스마스트리를 장식하고 있다. 이 의식에는 세계평화·종교화합·국민행복을 기원하는 의미가 담겨 있다.(사진: 월간중앙)

1. '한 해의 한자'

한자문화권 국가에서는 한해를 되돌아보면서 한 해를 집약하는 한자를 선정하는 행사가 있다. '올해의 한자'가 그것인데, 일본에서 시작하여, 한국과 중국은 물론 한자문화권의 다른 국가로도 퍼져간 것으로 알려져 있다. 연말연초에 선정하는 '올해의 한자'는 나라에 따라 지난 한해를 가장 잘 요약하는 경우도 있고, 새해의 희망을 담는 경우도, 이 둘 모두를 반영하는 경우도 있다.

일본에서는 '북(北)'이 2017년의 한자로 뽑혔다. 어원으로 보자면 북(北)은 두 사람이 등을 돌리고 있는 모습으로 인간의 뒤쪽이라는 뜻에서 북쪽 방향을, 그리고 서로 등을 돌린다는 뜻에서 배신과 배반을 상징한다.

2017년 한 해 일본의 일상을 바꿔놓을 정도로 강력했던 '북(北)' 관련 사건은 무엇이었을까? 북한의 북핵과 탄도미사일 발사시험일까? 아니면 북한의 도발에 대비한 일본의 미사일 대피 훈련이었을까? 우리에게는 미사일 대피 훈련까지 하면서 북핵문제에 대응하는 일본정권이 호들갑스럽게 보였을 수 있고, 일본에게는 위기를 위기로 체감하지 못하는 한국인의 위기와 공포에 대한 면역이 못마땅했을 수도 있다. 일반인들에게는 일본 정권에 의해 시행된 북한의 도발 시 대응지침과 대피 훈련이 쓰나미 이후 후쿠시마 원자력 발전소 사고만큼 나쁘거나, 혹은 더 나쁠 수 있는 일종의 공포체험 같은 것은 아니었을까?

1. 일본 교토의 기요미즈사(淸水寺) 주지가 2017년 선정 '올해의 한자' '북(北)'을 붓글씨로 쓰고 있다. / 2. 중국의 공유(共享)경제. '공샹(共享 gòngxiǎng) 경제'는 중국에서는 공유경제(Sharing Economy)를 뜻한다.

물론 북(北)을 2017년 올해의 한자로 선정하게 된 배경에는 북핵만 있었던 것은 아니다. 규슈(九州) 북(北)쪽 지역에 내린 기록적인 물 폭탄으로 인한 피해도 한 몫 했을 것이고, '북'해도 지역의 야구선수 오타니 쇼헤이(大谷翔平)가 미국 메이저리그로 진출한 것도 '북'이 그해의 한자가 된 이유 중의 하나다. 첫 번째와 두 번째가 부정적 의미의 '북'이라면 세 번째는 단순히 '북'쪽 지역만을 나타낸다.

일본과 달리 중국에서는 '올해의 한자'로 선정하는 '한 글자'보다 한 해를 풍미했던 10대 키워드가 더 인기 있다. 4차 산업혁명 시대의 패권을 차지하려는 야심찬 '중국의 꿈'을 준비하는 중국답게 인공지능(人工知能, AI)을 뜻하는 '지(智, 슬기 지)'가 국제부문의 한자로 선정되었고, 사물인터넷·빅데이터·인공지능의 발전 등과 맞물려 새로운 경제혁신을 가져올 공유경제를 뜻하는 '향(享: 공유)'자가 2017년 올해의 한자로 선정되었다. 공유(共有)를 중국어로는 '공샹(共享)'이라하기 때문이다.

'향(享)'은 어원적으로 자손들[子]이 종묘[亯]에 모여 함께 제사를 지낸다는 의미였는데, 4차 산업혁명시대에 이 글자는 사는 자손[子]들이 스마트폰으로 결제하고 자전거나 자동차 등을 공유하는 4차 산업혁명 시대를 상징하는 문자로 거듭났다.

또한 智(슬기 지)는 지(知)에서 일(日)이 더해져 분화한 글자인데, 지식[知]이 일정한 세월[日]을 지나야 '슬기'이자 '지혜'가 된다는 의미를 지닌다. 지(智)가 인공지능의 뜻으로 쓰이는 것은 '인공지능'이 충분한 시간을 두고 발전하여 단순히 '기술'의 영역을 넘어서 일상생활에서 필요한 '슬기'와 '지혜'로 그 위상이 변모했음을 잘 나타내주는 글자다. 한국어에서 인공지능의 '지능'을 지능(知能)이라 쓰는데 반해 중국어에서는 지(智)가 들어간 지능(智能)을 쓴다는 것은 AI(Artificial Intelligence)가 단순한 연산이나 지식을 넘어서 예지, 지혜, 총명, 판단력, 통찰력 등을 망라한 '지혜로운 기계'라는 의미를 잘 반영하였다 하겠다.

2. 한자문화권 국가의 '올해의 한자'

한편, 말레이시아의 2017년 올해의 한자는 '길'을 뜻하는 '로(路)'가 선정되었다. 중국의 시진핑이 주도하는 일대일로(一帶一路)에서 온 말이다. 일대일로는 중앙아시아와 유럽을 잇는 육상 실크로드(一帶)와 동남아시아와 유럽과 아프리카를 연결하는 해상 실크로드(一路)를 뜻하는 시진핑의 새로운 세계화 전략을 말한다. 중국과의 관계 개선을 기대하는 말레이시아인들의 염원이 담겼다.

중국과 대립하고 있는 대만에서는 '망(茫)'이 선정되었는데, 망(茫)은 '아득하다'는 뜻으로 현재 대만과 중국의 관계가 소원해 양안간의 관계개선이 아득하고 분명하지 않음을 반영했다. 싱가포르에서는 '공(恐)'이 선정되었는데,

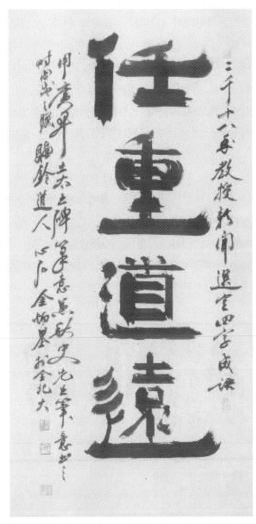

교수신문이 선정한 2018 올해의 사자성어 '임중도원(任重道遠)'. 심석 김병기 교수의 작품이다.

공(恐)은 '두렵다'는 뜻으로 2017년 전 세계를 휩쓸었던 테러에 대한 공포를 반영했다.

그리고 우리나라에서는 2018년의 희망 한자로 화(和)를 선정했다. 한국 고전번역원에서 선정하는 '올해의 한자'는 작년부터 시작되었고 다른 나라에 비해 역사가 길지 않다. 그동안 한국에서는 한자 대신 '한자성어'를 뽑았는데, 교수신문이 '올해의 사자성어'가 대표적이다. 2017년에는 '파사현정(破邪顯正)'이 뽑혔다. '사악한 것을 깨뜨려 부수지 않으면, 정의가 드러날 수 없다'는 뜻으로 박근혜 정부를 탄핵한 촛불혁명의 정신을 담아서, 우리 사회의 가장 시급한 임무가 무엇인가를 보여주는 성어다.

이처럼 나라마다 처한 사정에 따라, 한 해를 요약하고 새해의 염원을 담는 한자가 정해졌다. 모두 흥미로운 이야기들이다. 그러나 교수신문에서 선정한 '파사현정'은 그 뜻은 좋지만 많은 사람들의 공감을 끌어내기엔 너무 어렵다는 아쉬움이 있다. 2018년의 한자로 고전번역원에서 선정한 화(和), 이는 우리뿐 아니라 이 세계를 사는 모든 이들의 공통된 여망일 것이다. 화(和)에 숨겨진 의미는 무엇일까?

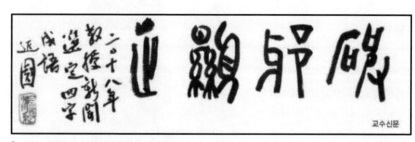

교수신문이 선정한 2017년 올해의 사자성어 '파사현정(破邪顯正)'. 근포 김양동 교수의 작품이다.

3. 화(和)의 어원

화(和)는 여러 가지 뜻을 가진다. 화합(和合)도 있고, 화평(和平)과 평화(平和)도 있고, 화해(和解)와 화해(和諧)도 있고, 조화(調和)도 있고, 화락(和樂)도 있다. 이들 단어를 자세히 살피면 이들을 꿰뚫고 있는 핵심 의미는 '조화로움'이다. 그러나 역사적으로 '화(和)'는 동양문화를 대표하는 핵심적 가치관의 하나지만 '조화'만큼 권력의 입맛에 맞게 전유되는 단어도 드물 것이다.

'조화로움'의 화(和)를 우리는 어떻게 이해해야할까? 튀지 않고 모나지 않아야 한다는 뜻일까? 아니면 극단적인 것을 튀지 않게 제거하고 차이를 길들여 평균이 되게 해야 한다는 의미일까? 결론부터 말하자면, 화(和)는 다수를 위해 소수를 희생해야 한다는 의미도, 전체를 위해 개인이 개별적인 것을 희생해야 한다는 의미가 아니라, 오히려 그 반대로 온갖 차이를 품속에 끌어안는 하늘과 땅의 이치가 녹아있는 단어다.

북송 때의 저명한 철학자 장재(張載, 1020~1077)는 하늘과 땅의 이치에서 조화로움을 찾았다. "조화로우면 크게 될 수 있고, 즐거우면 오래 갈 수 있다. 하늘과 땅의 속성은 바로 오래 가고 크게 되는 것일 뿐이다.(和則可大, 樂則可久, 天地之性, 久大而已.)" 또한, 노자의 가르침에 의거해서도 조화는 "유(有)와 무(無)가 서로를 낳게 하고, 어려움과 쉬움이 서로를 이루게 하고, 길고 짧음이 서로를 드러내게 하고, 높고 낮음이 서로를 대응하게 하고, 피리소리와 종소리가 서로 화답하게 하고, 앞과 뒤가 서로를 따라다니게 하는"(제2장) 것일 것이다. 서로 상대되는, 서로 이질적인, 서로 대립적인, 서로 차별적인 것들이 뒤섞여 각자의 소리를 내는 세계, 바로 이것이 조화요, 그래야만 "천지처럼 크고 오래 갈 수 있다."

張橫渠

朱子贊先生像曰早悅孫吳晚逃佛老勇撤皐比一變至道精思力踐妙契疾書訂頑之訓示我廣居

북송 때의 신 유학자 장재(횡거, 1020~1077) 초상.

4. 화(龢)의 어원: 가장 높은 음에서 가장 낮은 음까지 모두를 담아내는 악기

화(和)는 원래 龢(풍류 조화될 화)로 썼는데, 화(龢)는 여러 개의 피리(龠·약)에서 나는 소리를 형상했다. 이후 여러 개의 피리를 그린 약(龠)을 피리의 입(reed)을 뜻하는 구(口)로 줄여서 지금의 자형이 되었다.

화(龢)의 소전체. 이후 줄어 화(和)가 되었다.

생황

214부수의 마지막 부수자이기도 한 약(龠)은 '피리'를 말하는데, 관이 여럿 달린 생황(笙簧)을 생각하면 될 것이다. 한 개의 둥근 공명통에 13~36개의 대나무 관 여럿을 끼워 넣은 악기인데, 약(龠)자에서는 3개의 관으로 표현되었을 뿐이다. 중국에서 3은 3개도 뜻하지만, '많음'을 상징하는 경우가 더 많다. 물론 약(龠)은 이후에 관의 숫자에 따라 이름도 달라졌는데, 관이 13개면 화(和), 17개면 생(笙), 36개면 우(竽)라고 했다. 길이가 다른 각각의 관이 다양한 음을 내어 음악을 연주하는 관악기이다.

중국에서 음악은 음악 이상의 숭고한 의미를 가진다. 음악은 가장 높은 음(하늘)에서 가장 낮은 음(땅)까지 모두 품고 있어야한다. 천지만물이 쓸모 있는 것과 쓸모없는 것을 구분하지 않고 모두 품듯이, 길이가 다른 죽관에서 고음과 저음이 장음과 단음이 함께 할 때 아름다운 음악이 만들어지기 때문이다. 그래서 악기는 고대사회에서 신에게 제사를 지낼 때 빠질 수 없는 중요한 기물이었고, 음악은 즐기기 위해서 뿐만 아니라 천지와 우주 질서의 이치를 담고 있다고 여겨졌다.

음악에 대한 기록 『악기(樂記)』가 유가 경전의 중요한 하나로 자리 잡았던 것도, 『악기(樂記)』에서 "천지의 조화가 바로 음악이다"라고 했던 것도 바로 이런 관념을 반영한다. 음악을 뜻하는 '악(樂)'은 악기를 진설 대에 늘어놓은 모습을 그렸지만, 악(樂)은 단순한 악기를 넘어서 신뿐만 아니라 모든 인간에게 즐거움을 가져다주는 상징이었다. 악(樂)이 음의 높고 낮음을 길고 짧음을 차별하지 않듯이 왕이나 귀족만이 아니라 농민과 농노에 이르기까지 모두 즐길 수 있었기에, '즐겁다', '좋아하다'는 뜻이 담겼다.

이러한 상징 때문에 유가 사상을 집대성한 공자(孔子)도 음악을 예(禮) 만큼이나 중시했다. 예악(禮樂)이라는 말처럼 예(禮)와 악(樂)은 떨어질 수 없는 관계였다. 그가 고대 중국의 가사집이라 할 『시경(詩經)』을 읽지 않으면 사람 취급도 하지 않았던 이유도 여기에 있었다. 음악이 '조화로움'의 상징으로부터 출발한 음악이 사람의 성정을 조화롭게 만들고, 차별하고 억압하지 않는 평화로운 세상을 만드는 주요한 장치라고 생각했던 때문이다.

물론 시간이 지나면서 예(禮)가 사회를 유지하는 경직된 질서로 변화했지만, 그 출발이 신에 대한 경배임을 고려한다면 나와 다른 상대에 대한 존중이 예(禮)의 출발점이다. 천지가, 음양이, 남녀가, 노소가, 부부가, 부자가, 형제가, 사제가 서로를 존중하고, 나아가 우리와 남이, 가진 자와 못 가진 자가, 서로를 존중하고 경배하는 것이 바로 '예'의 진정한 정신이다. 상대를 존중하고 경배하려면 상대를 인정해야 하고, 인정하면 모든 것이 조화롭게 된다. 세상이 조화로우면 화평스럽고 즐거워지며, 즐겁게 되면 크고 멀리 간다. 그런 의미에서 예(禮)와 악(樂)이 분리될 수 없고, 화(和)에도 다름 아니다.

5. 화(和)의 어원: 차이에 주의를 기울이는 세심함

화(龢)나 화(和)의 독음을 나타내는 요소인 화(禾)도 사실은 독음뿐만 아니라 의미의 결정에도 관여하고 있다. 화(禾)를 가져와 독음을 나타낸 이유는 무엇일까? 화(禾)는 원래 익어 이삭을 길게 늘어트린 '조'를 그렸지만, 이후 '벼'가 들어오고 쌀을 주식으로 삼게 되면서 '벼'는 '곡식' 전체를 지칭하게 된 글자이다. 사실 농본사회로 접어들면서 벼를 포함한 곡식은 생존의 문제와 직결되었다. 그래서 곡식만큼 '조화로움'을 까다롭게 요구하는 것도 없다. 중국 최초의 어원사전인『설문해자』에서는 화(禾)를 이렇게 설명했다.

> "곡식을 말한다. 2월에 처음 자라나 8월이면 익는다. 때의 정확함을 얻어야 하기 때문에 화(禾)라고 부른다. 화(禾)는 목(木)에 속한다. 그래서 목(木)의 기운이 왕 노릇을 할 때 자라나고, 금(金)이 왕 노릇을 할 때 죽는다. 목(木)이 의미부이고, 또 수(垂)의 생략된 모습이 의미부인데, 수(垂)는 늘어진 곡식 이삭의 모습을 본떴다."

허신의 말처럼 '화(禾)'는 익어 고개를 숙인 '곡식'만을 상징하지 않는다. 농사를 지어본 사람이면 잘 알겠지만, 때에 맞는 강우는 물론이고 온도와 습도, 햇빛과 바람 등 모든 사소하고 별 것도 아닌 것처럼 보이는 요소들을 하나하나 고려하지 않으면 제대로 자랄 수도, 제대로 된 맛을 낼 수도 없는 것이 곡식이다.

해마다 농사를 반복한다 해도, 농사는 동일성의 반복이 아니라 차이의 반복이다. 기온의 차이, 강수량의 차이, 습도의 차이, 바람의 차이, 햇빛의 차이를 고려하고 이에 세심한 주의를 기울이는 것을 설문해자에서는 '때의 정확함'으로 표현했다. 해마다 반복되는 농사라도, 매년 달라지는 차이를 무시하고서는 풍성한 수확을 기대하기 힘들고, 차이의 배려가 극심한 가뭄과 홍수의 경우에도 피해를 최소화한다. '조화로움'을 뜻하는 화(和)나 화(龢)에 화(禾)가 든 것은 이러한 배경 때문이리라.

화(和)는 음악의 조화로움에서 왔지만, 이는 음악이라는 청각적이고 심리적인 것으로부터 음식이라는 미각적이고 생리(生理)적인 것으로 점차 옮겨가게 되고, 그렇게 됨으로써 단순히 차이나는 소리가 함께 모일 때 아름다운 음악이 된다는 뜻이 아니라, 생존과 관련된 모든 것을 조화로움으로 의미를 확장하게 된다.

예컨대, 『시경』에 나오는 '화갱(和羹)'이 대표적인데, '서로 다른 맛을 조화로이 섞어서 만든 국'을 말한다. "화갱(和羹)은 오미(五味)가 조화를 이루고 비린내와 따뜻함이 조절되어, 이를 먹으면 사람들의 성품이 안화(安和)해 진다."(정현의 주석) 여기서 볼 수 있듯, 화(和)는 이미 서로 다른 맛이 함께 하여 가장 알맞은 맛을 내는 개념으로 확장되었다.

이 때문에 『설문해자』에서는 화(和)를 "상응(相應)하다는 뜻이다"라고 하여, 서로 다른 요소들 간의 호응과 조화로 설명하였다. 이질적 요소의 단순한 결합이 아니라 서로가 호응하며 새로움을 만들어 내는 진정한 '융합'으로 발전시켰던 것이다. 화갱(和羹)은 그 자체가 여러 가지를 섞어 만든 국이지만, 조화롭게 섞이는 과정에서 사악한 기운이 없어져서 최상의 음식이 되고, 이러한 음식을 먹으면 인체도 상응하여 편안해 진다고 역설하였던 것이다.

상응의 원칙은 중국에서 내내 이어지는 전통이었다. 음식의 왕국이라 불리는 중국에서 계절과 맛, 재료와 재료, 양과 온도 등도 모두 다른 것들이 상응하면서 차이가 함께 조화를 이루어야만 진정한 최상의 맛을 낼 수 있다고 여겼다.

예컨대, 입에 쓰다고 버리고 없애는 것이 아니라, 신맛, 쓴맛, 매운맛, 짠맛, 단맛은 각 요리의 '선식(膳食)도 가장 적절한 조화를 이루려면, 소고기에는 찰벼[稻]가 알맞고, 양고기에는 기장[黍]이 알맞고, 돼지고기는 서직[稷]이 알맞고, 개고기에는 수수[粱]가 알맞고, 기러기고기는 보리[麥]가 알맞고, 생선에는 교미[苽]가 알맞다'고 인식한 것이 그렇다.

음식은 인간이 생존하는데 없어서는 안 될 필수요소이다. 조화의 절박함을 '음악'에서 가장 현식적인 문제인 '음식', 먹고 사는 문제로 전이시킨 허신의 지혜가 다시 한 번 돋보이는 대목이다. 사실 허신은 모든 미학적 개념을 '먹을 것'과 연관시키려 노력했다. 미(美)자도 출발은 양가죽을 덮어쓴 사람의 모습이거나, 큰 양을 뜻한 데서 아름답다는 뜻이 나왔지만, 허신의『설문해자』에서는 '감(甘)', 즉 달다, 감미롭다는 것으로부터 '아름다움'의 의미를 그려내고 있다.

익어 이삭을 늘어트린 벼. 갖은 환경이 조화로워야만 제대로 여문다.	다관 악기에서 나는 소리의 조화로움.		맛을 조절하는 기구.
화(禾)	화(龢)①	화(和)	화(盉)②

화(盉 hé). 『설문해자』에서 맛을 조화롭게 하는 상징적 도구로 등장하였다. 상나라(기원
전 12세기~기원전 11세기). 높이 31.7cm.

6. 새 희망: 정확함[中]과 다름[不同]이 공존하는 화합(和合)과 화락(和樂)의 한 해로

동양사상에서 큰 비중을 차지하는 화(和), 이 조화로움에는 이질적이고 차이 나는 요소들이 자신의 진정한 모습으로 갖고서 각자의 역할을 하면서 동등하게 참여함을 본질로 한다. 한자로 요약하면, 조화로움[和]은 지나치거나 모자라지 않고 한쪽으로 치우치지 않는 차이의 배려[中], 그리고 강자가 약자를, 다수가 소수를 지배하는 것이 아니라 각자 자기 위치를 지키면서 서로를 존중하고 서로에게 호응하게 하는 같지 않음[不同]에 있다 할 것이다.

그러나 조화로움을 이야기 할 때 자주 인용하는 말이 있다. "발산하되 모두가 적절하게 조절되는 것, 이를 두고 조화라고 한다.(發而皆中節, 謂之和.)" 『예기·중용(中庸)』의 말이다. 조화로움이 있어야 화평이 가능하다. 적절하다는 것은 지나치지도, 모자라서도 아니 된다는 말이다. 이것은 적당히 하자는 것이 아니다. 오히려 적당히 해서는 아니 된다는 말이다. 그러나 그 속에는 한 치의 치우침도 없고, 같은 것끼리만 모여서도 안 되며, 차이를 배려하라는 엄격한 윤리가 자리하고 있다.

우리도 2017년 한해 촛불집회와 혁명을 거치면서 파사현정(破邪顯正)이 한해의 성어로 뽑힐 정도로 적폐청산은 시급한 과제이다. 그러나 청산할 것은 청산해야하지만, 다른 의견, 다른 집단, 다른 방식도 존중해야 함을 잊어서는 아니 된다. 마치 2008년 북경 올림픽 개막식 때 장예모 감독이 전 세계를 향해 자랑 삼아 펼쳤던 그 장대하고 화려한 퍼포먼스의 중심에 자리했던 '한자', 그것을 대표하는 글자로 화(和)를 선택했던 그 바람처럼 말이다.

"소리가 똑 같으면 듣는 사람이 없고, 사물이 한결같으면 무늬가 없고, 맛이 한결 같으면 결과가 없으며, 사물이 하나같으면 얘기할 것이 없는 법입니다."(『국어(國語)』)라고 한 정(鄭) 환공(桓公)에 대한 사백(史伯)의 대답은 지금도 꽤 유효해 보인다. 게다가 "군신간의 도리는 5가지 음이 서로 다르되 조화를 이룰 수 있고, 5가지 맛이 서로 다르되 능히 조화를 이룰 수 있듯" 해야 한다고 한 『관자(管子)』의 격언도 새길 만하다. 그리스의 헤라클레이토스(Heraclitus)도 높고 낮은 상반된 음이 없으면 음악이 조화를 이룰 수 없고, 그 때문에 같음만으로는 결코 조화로움에 이를 수 없다고 강조하지 않았던가.

끼리끼리 하는 것, 일방으로 가는 것은 망함의 지름길이다. 그래서 패거리라고 부르고 일방통행이라 폄하하는 것이다. 사람살이 모든 곳에서 경계해야 할 말이지만, 특히 정치에서는 더 그렇다. 큰 정치일수록 더욱 경계해야 할 말이다. 클수록 잘못하면 망하는 사람이 많기 때문이다.

화(和)가 담은 어원과 정신처럼, 온 세계가 화해하고, 남과 북이 평화(平和)롭고, 정의로운 사회가 실현되어 모든 구성원이 서로 화해(和解)하고 화합(和合)하여 조화(調和)로운 삶이 펼쳐지는 미래가 되어야 할 것이다.

| 03-1 | 북녘 **북**
달아날 **배** | 北 | běi |

| 甲骨文 金文
古陶文 簡牘文 帛書
說文小篆 |

'북쪽'이라는 추상적인 방위 개념을 어떻게 그렸을까? 북쪽은 우리에게 어떤 의미일까?

갑골문에서는 두 개의 人(사람 인)으로 구성되어 두 사람(人)이 서로 등진 모습을 그렸다. 이로부터 '등지다'는 의미가 나왔으며, 이후 자형이 조금 변해 지금처럼 되었다.

지금은 북쪽이라는 의미로 더 많이 쓰이는데, 이는 한자를 만들었던 중국인들이 북반구에서 살았던 때문이다. 북반구에서는 항상 남쪽을 향해 집을 짓고, 남쪽을 바라보며 살아간다. 그래서 그들에게 북쪽이 뒤쪽이자 등진 쪽이었으므로 '북쪽'이 '등지다'는 뜻과 함께 나왔다.

뿐만 아니라, 싸움에 져 도망할 때에는 등을 돌리고 달아났기에 '도망하다'는 뜻도 생겼는데, 이때에는 패배(敗北)에서처럼 '배'로 읽힘에 유의해야 한다. 그러자 원래의 '등'은 肉(고기 육)을 더한 背(등 배)로 분화했다.

03-2	재앙 재		灾, [烖, 菑], zāi

甲骨文

簡牘文　說文小篆

說文或體　說文古文　說文籀文

무엇이 '재앙'일까? 농경사회를 살았던 고대 중국에서는 홍수와 가뭄과 메뚜기의 공격이 삼대 재앙으로 알려져 있다.

災는 火(불 화)가 의미부고 巛(재앙 재)가 소리부로, 홍수(巛)와 가뭄이나 화재(火)에 의한 '재앙'이나 재해나 불행을 뜻하는데, 巛에서 분화한 글자이다. 巛는 갑골문(≋)에서처럼 넘쳐흐르는 홍수를 상징한다. 자신을 지켜주고 편히 쉴 수 있는 공간이자 안식처인 집이 물에 떠내려가는 것이 최고의 재앙이었음을 말해준다. 중국의 거대한 황하 강이나 양쯔 강이 범람했음을 생각해 보면 쉬 상상이 갈 것이다.

그러나 가뭄도 홍수만큼은 지독하진 않지만, 농경 사회에서 더없이 가공할만한 재앙이었다. 그래서 火가 더해졌다. 물론 火는 가뭄과 함께 집이 불에 타버리는 것도 포함한다. 이를 강조하기 위해 처음에는 巛 대신 宀(집 면)이 들어간 灾(재앙 재)로 쓰기도 했다. 또 巛 대신 𢦏(다칠 재)가 들어간 烖로 쓰기도 하여 전쟁(𢦏)에 의한 재앙을 강조하기도 했다.

菑(묵정밭 치)로 써 홍수(巛)에 밭(田·전)의 농작물(艸·초)이 다 황폐했음을 표현하기도 했다. 현대중국의 간화자에서는 灾로 쓴다.

03-3	화할 화	和	[龢, 咊] hé, hè
03-4	풍류 조화될 화	龢	和, hé, hè

甲骨文
簡牘文
說文小篆

　부조화와 각종 갈등에 시달리는 현대 사회에서 무엇보다 중요한 것이 화합(和合)과 화해(和解)와 조화(調和)이다.

　한자에서 '조화로움'은 어떻게 그려냈을까? 이를 뜻하는 글자는 두 개가 있는데 和(화할 화)와 龢(풍류 조화될 화)가 그것이다. 의미도 독음도 똑같은 글자다. 지금은 화(和)를 많이 쓰지만 사실은 화(龢)가 먼저 생겼고 이것이 줄어서 된 글자가 화(和)이다.

　화(和)는 口(입 구)가 의미부고 禾(벼 화)가 소리부로, 다관 피리를 말하는데, 조화롭다, 화합하다, 화목하다, 강화를 맺다, 섞다 등의 뜻이 나왔다.

　이의 원형이 되는 龢(풍류 조화될 화)는 여러 개의 관을 묶어 만든 피리(龠·약)에서 나는 소리가 조화를 이루는 모습을 형상했으나, 다관 피리를 그린 龠을 口로 줄여 지금의 자형이 되었다.

　龢은 갑골문에서는 대로 만든 피리를 실로 묶었고, 피리의 소리를 내는 혀(reed)까지 그려졌다. 위의 부분은 입으로 보기도 하고, 亼(삼합 집)으로 보아 피리 여럿을 모아(亼) 놓은 것을 상징하는 것으로 보기도 한다. 여하튼 龠은 길이가 다른 여러 개의 관으로 구성된 多管(다관)으로써 다양한 높낮이의 소리가 만들어 내는 '조화로움'을 그렸다.

| 03-5 | 조미할 **화** | | hé |

 金文

說文小篆

盉는 지금은 잘 쓰이지 않지는 글자지만, 고대 사회에서 조화로운 맛을 내는 기구의 대표였다.

盉는 皿(그릇 명)이 의미부고 禾(벼 화)가 소리부인데, 皿은 사발 같은 모양의 그릇을 그렸고, 禾는 소리부이다. 이는 주전자처럼 긴 주둥이를 가진 옛날의 술그릇을 말하는데, 여러 맛을 섞어 맛을 낼 수 있는(禾, 和와 통함) 그릇(皿)이라는 뜻을 담았다. 『설문해자』에서는 '조미하다(調味)'라는 뜻이라고 했다.

예(禮): 살만한 삶을 위한 실천, 선한 영혼을 불러내는 존재

신을 모시는 마음으로 타인을 공경하라

공자·맹자·순자, '인간을 인간답게 만드는 근원'
서로 인정하며 다른 사람들과 함께 살아가는 '길'

┃ 공자는 『논어』에서 "백성들을 예로써 다스린다면 수치심도 있고 격조도 있게
된다."라고 했다. 중국 청도(靑島)시에서 선물한 공자상(像)이 인천 차이나타운
에서 바다를 바라보고 서 있다.(사진: 월간중앙)

1. 해시태그 운동

몇 년 전부터 우리나라뿐만 아니라 전 세계적으로 해시태그(hash tag activism) 운동이 한창이다. 해시태그란 특정 주제에 대해 검색을 쉽게 하기 위해 키워드 앞에 #을 붙이던 관행이 정치·사회 이슈를 공유하기 위한 사회운동으로 확대된 것을 말한다.

2011년 세계 금융시장의 상징인 월 가에 대한 항의의 의미로 시작된 '#occupy wall street'(월 가를 점거하라)가 해시태그 운동의 오래된 예라면, 최근에는 사회의 보이지 않는 곳에서 자행되어온 성폭력의 관행에 대해 더이상 좌시하지 않겠다는 의지를 담고 있는 '미투(#Me Too)' 운동이 인터넷 포털을 뜨겁게 달구고 있다.

이외에도 미국의 반복되는 총기 참사에 대해 미 넥스트(#Me Next, 다음은 내 차례) 운동 등, 트위터나 페이스북과 같은 사회관계망서비스(SNS)를 통해 급속히 확산하고 있다.

특히 해시태그 운동 중 미투 운동은 할리우드에서 먼저 시작되었지만, 한국에서 더 뜨겁게 이슈가 되고 공감의 표시로 해시태그를 붙여 위드 유(#With You)가 확산되는 것은 대단히 시사적이다. 미투 운동은 사실 성폭력이나 성범죄에 대한 고발운동이나 성추행의 관례에 대해 경각심을 일깨우는 차원이 아니다. 이 운동의 이면에는 갑을관계에서 비롯한 갑질 문화와 성을 상품으로 여기는 성 접대, 성 상납 문화가 결합되어, 강하고 힘센 자, 가진 자의 권력뿐만 아니라 그들의 쾌락을 위해서 사회적 약자뿐만 아니라, 성적 약자들도 봉사해야 한다는 무의식적 인식에 대한 저항이 자리한다.

미국 시사주간지 [타임]은 영화계뿐만 아니라 정계·경제계 등에서 자행돼온 성폭력을 고발한 사람들을 '침묵을 깨뜨리는 사람들'이란 제목으로 2017 올해의 인물로 선정했다.

2. 왜 예(禮)인가?

반복되는 폭력에 사회의 규범이나 법적 체계가 오랫동안 제대로 대응하지 못하면, 자연화 되어 폭력이 더 이상 폭력으로 인식되지 않는다. 사태가 이러한 지경에 이르면, 공자가 『논어』에서 "정령으로써 인도하고 형벌로써 다스린다면 백성들은 처벌만 모면하려 하여 수치심이 없어지고, 덕으로써 인도하고 예로써 다스린다면 수치심도 있고 격조도 있게 된다."라고 말했듯이 가해자들은 형벌만 피하려고 들고 수치심을 느끼지 않기에 강력한 처벌만이 능사가 되지 않는다. 이때 수치는 가해자가 아닌 피해자의 몫이다. 혹은 그들이 혼자가 아니라고 공감하고 함께 하겠다는 사람들의 수치다. 수치는 '미니마 모랄리아(Minima Moralia)', 즉 윤리가 무너진 사회에 남아있는 '한 줌의 도덕'이다.

수치라는 부정의 정동을 용기로 전환할 때, 우리는 생명 보존에 급급한 생존이 아니라, 살만한 삶(livable life), 사람이 사람답게 사는 세상을 꿈꿀 수 있게 된다. 그래서 공자는 예(禮)를 통해 수치를 가르치고, 그것을 혼란한 세상을 바로 세우는 실천적 덕목 중의 하나로 삼고자 했다.

오늘날 예라고 하면 사람들은 구태의연한 예절이나, 예의라는 의미로 단순히 생각하거나, 장유유서(長幼有序), 삼종지도(三從之道) 등을 떠올리며, 성별이나 나이, 혈연에 따라 위계질서를 정하고 신분에 맞는 권리를 부여하는 수직적 질서 규범이라고 생각할 수도 있겠다. 그러나 공자가 살았던 시대가 춘추전국시대, 일상이 전쟁이고 전쟁이 일상이었던 시대였다는 점을 고려한다면, 예가 왜 공자의 사상에서 그렇게 중요한 지위를 점하고 있었는지 이해할 수 있을 것이다. 그러나 공자는 살아서 그의 주장을 실현하지 못했고, 그가 죽고 난 뒤 한참 지나서 그의 사상은 유연성을 잃어버리고 주권자의 통치원리로 자리 잡게 되었다. 그렇다면 유교가 교리화되기 이전의 예(禮)는 어떤 의미였을까?

3. 예(禮)의 어원과 본래 뜻

예(禮)는 갑골문에서부터 등장하는 매우 오래된 글자로서 공자가 제일 먼저 생각해내고 발명한 규범이 아니라, 공자가 태어나기도 훨씬 전인, 갑골문이 사용되던 상나라 말기, 은나라 때에도 매우 중요했다. 예(禮)는 다른 글자와 달리 오랜 역사에도 자형은 거의 변하지 않았다. 다만 제사를 뜻하는 시(示)가 추가되었을 뿐이다.

예(禮)자의 변천. 위는 상나라 때의 갑골문, 아래는 한나라 때의 예서이다.

예(禮)는 示(보일 시)와 豊(예도·절·인사 례)로 구성되었는데, 례(豊)는 소리부도 겸한다. 소리부도 겸할 뿐 아니라 원래의 글자가 예(豊)이다. 예(豊)는 '풍성하다'는 뜻의 풍(豐)에서 분화된 글자인데, 처음에는 같이 쓰였다. 지금도 풍년(豐年)은 '풍(豐)'을 써야 함에도 '예(豊)'를 쓰고 '풍'으로 읽고 있는데, 그게 궁색했던지 사전에서 '풍(豐)의 속자'라고 풀이하고 있다.

우리의 행정전산망(4888) 코드에서도 예(豊)는 4,888자에 포함되어 상용자로 처리하였지만, '풍(豐)'은 거기에도 포함되지 않는 비상용자로 처리되었다. 우리말에서 풍만(豐滿), 풍성(豐盛), 풍부(豐富) 등 풍(豐)이 자주 쓰이는 상용한자임에도 그렇다. 빨리 바로 잡혀야 할 부분이다.

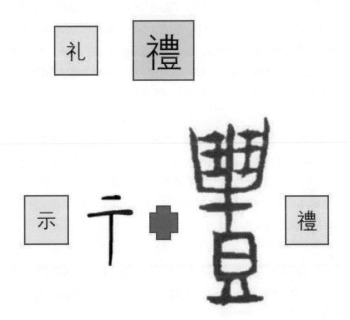

여하튼 예(禮)는 원래 예(豊=豐)로 썼다가 제단을 뜻하는 시(示)가 더해져 지금의 글자가 되었다. 예(豊)는 갑골문에서 두 개의 옥(玉)과 나머지로 구성되었는데, 나머지를 '제기'를 뜻하는 두(豆)라고 보았으나, 지금은 '북(壴·주)'을 그린 것으로 보는 것이 일반적이다. 북과 여러 개의 옥으로 구성된 것이 예(豊)의 원래 모습이고, 의미를 더 명확하게 하고자 시(示)를 더한 것이다. 상나라 때 유행했던, 조상신에게 제사를 올리는 모습을 그렸음이 분명하다. 신에게 바칠 제수로 옥(玉)과 신을 기쁘게 할 도구로 북이 선택되었던 것이다.

옥(玉)은 고대 중국에서 금이나 다른 어떤 보물보다 가장 귀한 것으로 인식되었다. 『설문해자』에 의하면, 옥(玉)은 단순한 돌이나 보석이 아니다. 『설문해자』에서는 옥을 두고 "5가지의 아름다움을 갖추었다. 옥이 갖춘 윤기가 흘러 온화한 덕은 인자함(仁)의 덕이요, 무늬가 밖으로 흘러나와 속을 알 수 있게 하는 덕은 의로움(義)의 덕이요, 소리가 낭랑하여 멀리서도 들을 수 있는 것은 지혜로움(智)의 덕이요, 끊길지언정 굽혀지지 않는 것은 용맹함(勇)의 덕이요, 날카로우면서도 남을 해치지 않는 것은 개결함(潔)의 덕이다."라고 했다. 이보다 더한 보물이 있을까?

북은 악기의 상징이다. 壴(북 주)는 갑골문에서 '북'을 그렸는데, 메고 다니는 북이 아니라 받침대 위해 놓인 커다란 북이고, 위로는 장식물을 다는 술대까지 그려졌다. 여기에 '치다'는 뜻의 복(攴=攵)이 더해진 것이 鼓(북 고)이다. 북은 신을 즐겁게 해주는 악기의 대표였다. 그래서 喜(기쁠 희)에도, 嘉(아름다울 가)에도 주(壴)가 들었다.

희(喜)는 주(壴)와 구(口)로 구성되었는데, 북(壴)으로 대표되는 음악의 즐거움과 구(口)로 대표되는 맛있는 것의 즐거움을 더해 '즐겁다'는 뜻을 그렸다. 가(嘉)는 주(壴)가 의미부이고 가(加)가 소리부로, 북소리(壴)를 더함(加)으로써 만들어지는 '즐거움'을 더욱 구체화했다. 그래서 이들은 모두 '좋다', '아름답다', '훌륭하다'는 뜻을 가진다.

이런 것들이 한자에서 '북'이 갖는 상징이다. 이 때문에 중국의 한족과 소수민족들에게서 북은 신을 불러내는 힘이자 정신의 상징으로 쓰인다. 중국뿐 아니라 다른 지역에서도 비슷하다. 북은 우주의 심장을 상징하고, 이를 통해 신의 선한 영혼을 불러낼 수 있고, 하늘과 통할 수도 있다고 생각했다. 그래서 아프리카의 일부 국가에서는 북이 지도자인 추장(酋長)을 상징하기도 하고, 아메리카 인디언들에게서는 영혼을 불러내는 주술의 힘을 상징하기도 한다.

┃ 한나라 때의 화상석(畵像石)에 그려진 '북' 치는 모습. 세워놓고 치는 북으로, 크기가 상당하고 위로 장식을 달 수 있는 술대가 만들어졌다.

4. 언어학자들이 본 예(禮)의 의미

예(禮)의 구체적 의미를 글자 형체에 근거하여 체계적으로 설명한 것은 동한 때의 『설문해자』가 처음이다.

> "리(履)와 같아 '신발'을 뜻한다. 이로써 신을 섬기고 복을 부른다.(所以事神致福也)." 독음이 같은 글자를 가지고 해당 글자의 뜻을 설명하는 것이 한나라 때의 유행이었는데, 허신은 당시에는 독음이 같았을 것으로 추정되는 리(履)를 가져와 예(禮)를 설명했다. '예'와 '신발', 허신은 왜 '신발'로 '예'를 설명했던 것일까?

이후의 학자들은 리(履)가 사람이 걸어가는 도구라고 생각해 '실천'을 상징하는 것으로 해석했다. 상당히 일리 있는 말이다. 예라는 것이 마음으로 그렇게 생각하는 것이 아니라 실천에 옮길 때 비로소 의미를 가지기 때문이다. 또 어떤 사람들은 구조도 비슷하고 독음도 같은 '체(體)'를 가져와 설명하기도 했다. 체(體)가 몸의 근간을 이야기 하듯이, 예(禮)는 우주 만물의 근간, 즉 근본적 질서를 말한다고 설파하기도 했다. 체(體)에도 례(豊)가 들어 있는 것을 보면 그들 간의 유사성을 찾을 수 있다. 게다가 체(體)의 속체인 체(体)로 있지 않던가? 사람(人)에게서 근본(本)되는 것이 바로 '몸체'이듯, 인간살이에서 가장 근간이 되는 것이 예(禮)라는 것이다.

그러나 『설문해자』 연구에 가장 뛰어났다고 평가되는 청나라 때의 단옥재(段玉裁)는 허신이 말한 리(履)의 의미를 더욱 확장했다. 그것이 단순한 신발이나 실천의 상징이기도 하지만, 신발은 발이 의지하는 곳이라는 『주역』의 해설을 인용하면서 리(履)는 사람이 기대고 의지해야 하는 모든 것, 즉 입는 것을 말한다고 했다. 옷을 입기 시작하면서 사람과 동물이 구분되었듯, 의복과 같이 사람을 사람답게 만들어 주는 그런 존재가 '예'라는 주장으로 보인다.

5. 철학자들이 본 예(禮)의 의미

그러나 철학자들은 단순히 여기에 머물지 않고, 예(禮)를 우주 만물이 존재하는 질서이자 인간세상을 다스리는 정신으로도 표현했다. 대표적인 학자가 순자(荀子)이다. 『순자(荀子)』에 포함된 「예론(禮論)」에서 예의 필요성과 효용성 등을 깊이 있게 설파했다. 그는 이렇게 말한다.

> "인간은 태어나면서부터 욕망을 갖고 난다. 그래서 언제나 욕망하지만 다 얻어지는 것은 아니다. 얻지 못하면 갈구하게 되고, 갈구하게 되면 끝없는 분란이 일어난다. 분란이 일어나면 다투게 마련이고, 다투면 끝나고 만다."

이 혼란한 세상, 욕망으로 가득 찬 인간의 어리석음을 바로 잡아 줄 수 있는 것이 바로 예(禮)라는 것이다. 예를 얻으면 "천지가 화합하게 되고, 해와 같이 밝음을 발하며, 별들이 운행하고, 강물이 흐르며, 만물이 창성하게 된다. 좋아하고 미워함에 절제하게 되고, 기뻐하고 분노함에 균형을 갖게 된다." 예의 필요성과 효용을 잘 설파한 글이다. 그가 말한 예(禮)의 정신은 바로 공자와 맹자 등 유가 경학자들이 말했던 경(敬), 공경이었다.

어원으로 보았을 때도 예(禮)의 기본 정신은 '경(敬)' 즉 공경에 가장 근접하다고 생각된다. 앞에서 보았듯, 예(禮)는 원래 신에게 제사지낼 때 쓰는 옥(玉)과 북(壴)으로 구성되어, 인간이 신에게 바칠 수 있는 가장 고귀하고 귀중한 것으로 신에 대한 존경심을 예(禮)라고 표현했다. 그리고 그러한 행위를 강조하기 위해 시(示)를 더하여 예(禮)가 되었다.

신과의 만남, 국가는 물론 모든 인간행위를 신의 의지에 기탁하고 신의 결정에 따랐던 당시를 생각해 보자. 그만큼 경건한 순간이 있을까? 지금도 성 베드로 성당이나 밀라노 대성당 같은 데를 들어가 보라. 기독교 신자가 아니더라도 신 앞에 한 인간이 한없이 작아지고 그저 보잘 것 없는 존재가 되고 만다. 한없이 작아지는 자신, 그래서 신을 경배하고 우러러보는 것이다.

자식과 부모, 제자와 스승, 신하와 임금, 그 어떤 인간과의 관계와는 비교할 수 없는 경건함과 경외심, 우러름을 느끼는 관계를 표현한 것이 예(禮)이다. 그래서 유가의 대표 경전이자 예(禮)의 바이블이라 할 『예기』에서는 그 시작부터 "근간이 되는 예가 3백 가지이고 부수적 예가 3천 가지인데, 이들을 한마디로 정리하라면 '공경함'이다.(經禮三百, 曲禮三千, 可以一言以蔽之曰: 毋不敬.)"라고 선언했던 것이다. 뿐만 아니다. 『좌전』(희공 11년)에서도 "예(禮)가 나라의 근간이라면, 경(敬)은 예를 싣고 다니는 수레이다. 공경하지 않으면 예를 행할 수 없다."라고 했다.

공자도 경(敬)으로써 자신을 닦는다(修己)고 했고, 제자 자유(子遊)와의 '효(孝)'에 관한 대화에서도 단순히 좋은 음식으로 섬기기만 한다면 짐승과 다를 바가 무엇이겠는가? 라고 하여 '공경하는 마음'이 인간다움의 근본임을 설파했다. 맹자는 더욱 적극적이었다. "군자가 보통 사람과 다른 것은 마음을 지키기 때문이다. 군자는 인자함(仁)으로 마음을 지키고, 예(禮)로써 마음을 지킨다. 인자한 사람은 남을 사랑하고, 예(禮)가 있는 사람은 남을 존경한다. 다른 사람을 사랑하는 자는 언제나 남의 사랑을 받고, 남을 존경하는 자는 항상 남의 존경을 받는 법이다."(「이루」 하편)라고 했다.

이 때문에 예(禮)를 인간이 가져야할 근간, 인간을 인간답게 만드는 근원이라 생각했던 것이다. 예(禮)를 줄여서 예(礼)로 쓰기도 한다. 현대 중국의 간화자에서는 이를 표준체로 설정했는데, 사실은 최근에 쓰인 것이 아니라 한나라 때부터 쓰였으니, 이미 2천년의 역사는 갖고 있는 오래된 글자이다. 예(禮)를 구성하던 례(豊)가 을(乙)로 바뀌었는데, 단순히 간단하게 하고자 한 것만은 아니다. 을(乙)의 어원에 대해서는 의견이 분분하다. 보통 식물의 새싹이 돋아나는 모습을 그렸다는 것이 정설이지만, 어원과 관계없이 중국의 고대사에 대한 신화가 만들어지고 체계화 되던 한나라 당시, 많은 사람들이 을(乙)이 '새'를 본떴다고 믿고 있었다.

그 새는 다음 아닌 주나라의 시조 후직(后稷)을 잉태하게 했던 신조(神鳥)였다. 달리 현조(玄鳥)라고 불렸는데, 보통 까마귀로 알려져 있다. 태양에 살면서 태양을 가슴에 품고 날아다며 해를 옮겨 다닌다고 하는 '삼족오(三足鳥)'도 바로 이 새의 변형이다. 중국 유일의 여자 황제, 당나라 때의 측천무후가 새로 만든 글자 일(乙=日)은 태양을 뜻하는 네모 속에 신조를 상징하는 을(乙)을 넣은 것도 이 때문이다. 그래서 을(乙)은 인문중국 주나라의 시작을 상징하기도 하고, 모든 만물의 처음을 상징하기도 한다. 이처럼 예(禮)의 례(豊)가 을(乙)로 바뀐 것은 우연이 아니다. 신의 영혼을 불러내는 근본적인 행위라는 뜻일지도 모를 일이다.

6. 예(禮)와 '중국의 꿈'

그렇다. 예(禮)의 정신은 '신을 모시는 인간의 마음, 신을 대하는 인간의 태도'처럼 다른 사람, 다른 존재에 대한 공경이고, 존중이다. 공자가 그토록 주창했던 극기복례(克己復禮), 이는 '욕심을 누르고 예를 따른다'로 해석하지만, "인간이 가진 원초적 근본적 욕망을 누르고 모든 존재를 공경하고 존중하는 마음으로 되돌아가는 것, 그것을 회복하는 것", 그것이 '극기복례'일 것이다.

우리가 사는 이 사회, 21세기 특히 한국은 더 그렇다. 자본주의의 말단에서 욕망만으로 가득 찬 세상이다. 순자의 말처럼, 그것을 얻기 위해서는 싸워야 하고 심지어 지배해야만 한다. 그것이 세상의 모순이고 갈등이고 비극이다. 예(禮)가 가진 상대에 대한 존중, 만물에 대한 인정, 자신의 겸허 등이 이러한 모순을 해결해 줄 것이다.

21세기 중국은 세계의 제국을 꿈꾸고 있다. 이미 G2라고 하니, G1으로 가고자 하는 욕심이 없을 리 없다. '세계의 제국'에 되는 것, 그것이 중국의 꿈 '중국몽(中國夢)'이다.

┃ 중국은 세계 제국을 꿈꾸고 있다. '세계의 제국'이 되는 것, 그것이 중국의 꿈 '중국몽(中國夢)'이다.

'중국의 꿈'을 꿈이 아닌 현실로 만들어 세계의 제국으로 가는 것도 불가능한 일은 아니다. 그러나 인류의 역사에서 세계의 제국들을 생각해 보라. 군사력과 경제력만으로 세계의 제국으로 갈 수는 없다. 세계의 제국이 될 수 없다. 일본이 그러하지 않는가? 왜일까?

세계의 제국이 되기 위해서, 세계의 리더가 되기 위해서, 반드시 필요한 것이 세계를 위해 어떤 의미 있는 보편적 가치를 제공해 인류의 삶을 한 단계 더 나은 경지로 올려놓아야 한다. 프랑스가 자유와 평등과 인권을, 미국이 민주라는 개념을 세계에 제공하여 세상을 한 걸음 더 나가게 했던 것처럼. 일본은 그런 것을 하지 못했다. 모든 것이 훌륭하지만 세계와 더불어 살고, 세계와 함께 가는 것을 하지 못했던 것이다. 그래서 제국이 되지 못했다.

중국이 이를 모를 리 없다. 마르크스 이념에 근거하여 과거와 전통을 '혁명'하여 나라를 잡은 지금의 중국이지만, 마르크스주의로 세계를 살찌게 할 수 없음을 잘 알고 있다. 중국이 세계인들에 제공할 보편적 가치는 무엇일까? 어디에서 찾을 수 있을 것인가?

당연히 중국의 전통적 자산이다. 17세기까지 줄곧 세계의 진정한 리더였던 중국, 중국은 찬란한 전통 유산을 너무나 많이 갖고 있다. 그러나 21세기를 사는 이 시점, 서구의 제국들이 만들어 놓은 경쟁과 지배와 압제와 착취 등, 그들이 만들어 놓은 분열과 갈등과 대립의 질서를 완화시키고 새로운 대안을 만들 수 있는 것은 역설적이게도 백 년 전 그들이 그렇게 혐오하고 부정했던 중국의 전통적 자산이다.

그중에서도 여러 가지가 가능하겠지만, 가장 중국적인 것이 가장 세계적인 것이듯, 유가사상의 것이 가장 가능성이 높다. 유가사상의 핵심으로 보통 인(仁)과 예(禮)를 꼽는다. 인(仁)이 다소 추상적 개념이라면 예(禮)는 매우 구상적인 개념이고 체계화할 수 있는 가능성도 크고 실천성도 강하다. 상대에 대한 존중과 배려, 서로를 존중하고 아끼는 마음, 그것이 예의 정신이다.

이를 반영이라도 하듯, 중국공산당원을 배출하는 '당 간부 학교(黨校)'의 커리큘럼에도 최근에는 유가 경전이 정식으로 포함되었고, 산동성에서는 2019년 말 마르크스주의를 이념으로 하는 중국공산당 학교에 '유학연구센터'를 정식으로 설립하기에 이르렀다. 게다가 중국에서는 예학서원 설치법이 통과되었고, 이를 건강한 국민정신으로 활용하려는 노력을 시작했다. 뿐만 아니라 세계예학문헌 아카이브도 구축하고 있다. 필자가 재직하고 있는 학교에서 집대성한 200여 책에 가까운 방대한 양의『한국예학총서』도 한국이 아닌 중국에서 데이터베이스를 구축하여 공개를 앞두고 있다.

무엇이 중국의, 아니 동양의 정신이던가?『노자』의 물이 상징하듯, 항상 낮은 곳으로 임하며, 모든 것을 싸안으며 키워내면서도 공을 자랑하지 않는, 그런 자신을 낮추고 남을 아끼는 희생의 정신이 필요하다. 유가의 예(禮)도 마찬가지이다. 역사의 흐름 속에서 인간을 지배하고 본성을 압제하는 이상한 도구로 변질되기도 했지만, 그 근본은 상대에 대한 존중이고 존경이다.

나와 다른 존재를 인정하고, 나보다 못한 사람을 이끌며 함께 살아가는 세상, 그것이 오늘날 예(禮)가 알려주는 의미이다. 그렇게 된다면, 순자의 말처럼, 온 우주와 만물과 모든 생명이 서로 조화롭게, 순조롭게, 화합하며 사는 살맛나는 세상이 될 것이다.

이 시점, 우리의 곁에서 이루어지고 있는 '미 텍스트', '미 투', '위드 유' 운동이 가해자/피해자, 남/녀, 주류/비주류, 중심/주변, 강자/약자, 빈/부 간의 갈등을 해소하고, 서로 함께 살아갈 수 있는 세상이 될 수 있길 희망한다. 그것은 예(禮)가 가진 존중과 존경의 정신이 출발점이자 종착점이다.

04-1	예도 례	禮	礼, 𠃌

甲骨文　金文
石刻篆文　簡牘文　汗簡
說文小篆　說文古文

유가의 시조, 공자의 두 가지 핵심 사상의 하나인 '예', '예'는 무엇일까? 선뜻 정의하기 어려운 '예'를 그림으로 그리면 어떻게 될까?

예(禮)는 갑골문에서 豊(예도·절인사 례)로 썼는데, 제의를 뜻하는 示(보일 시)가 더해지기 전의 모습이다. 豊는 아랫부분이 세어 둘 수 있는 북이고, 윗부분은 북을 아름답게 장식한 장식물에다 양쪽으로 옥(玉)이 더해진 모습이다.

그리하여 례(豊)는 인간이 가장 귀하게 여기는 옥과 음악의 상징인 북 등을 동원해(豊) 경건하게 신을 모시던 행위를 말한다. 그것이 제의(示) 행위임으로 해서 示가 더해져 지금의 자형이 되었다.

신을 모실 때 가지는 '경건한 마음' 그것이 예의 출발이었다. 이로부터 '예도'나 '예절'의 뜻을 갖게 되었으며, 예물이나 축하하다 등의 뜻도 나오게 되었다. 현대중국의 간화자에서는 豊을 줄여 乙(새 을)로 쓴 礼로 쓰는데, 『설문해자』 고문체에서도 이렇게 썼다.

한편 豐(풍년 풍)도 豊에서 분화하였는데, 신을 모시는 제의에서 제수를 '풍성하게' 올려야 했음을 반영했다. 혹은 '풍성한' 수확이나 복을 빌었기 때문일 가능성도 있다. 그리하여 豊는 '예도'를, 豐은 '풍성함'을 말하여 구분하여 사용했으나, 우리나라에서는 자형의 유사함으로 풍년(豐年)을 풍년(豊年)으로 쓰는 것처럼 섞어 쓰고 있는 것이 현실이다.

유연함의 미덕: 중국문화의 근원, 유(儒)

흘리지 않고, 변화 도모할 수 있어야

체제의 경직성 녹이고 새로운 시작 명하는 수행적 행위 지칭
'중국몽(中國夢)'은 인(仁)·화(和)·예(禮) 등 유교적 가치에 기반한 슬로
건

유(儒)는 학자나 지식인을 통칭하는 개념으로 쓰였으며, 그러한 사람들의 집단을 유(儒), 그러한 학파를 유가(儒家), 그러한 학문을 유학(儒學)이라 부르게 됐다. 드라마 〈성균관스캔들〉에서 구용하 역을 맡아 열연했던 배우 송중기.(사진: 월간중앙)

1. 유가사상을 대표하는 공자

유교의 시조(始祖), 공자가 죽어야 나라가 살까?

거의 20년도 더 된 일이다. 공자가 죽어야 나라가 산다는 도발적 주장이 온 나라를 휩쓸었던 기억이 아직도 생생하다. 이미 죽은 공자가 다시 또 죽어야 하는 이유는 무엇일까? 살아있던 과거의 공자보다 거의 2500년이나 지난 오늘날에도 시시때때로 출몰하는 죽은 공자의 유령이 지긋지긋하다는 작금의 현실에 대한 진단일 것이다.

이 주장은 차별과 타자를 배척하고 '우리' 집단만을 중시하는 한국 사회의 일부 뿌리 깊은 악습이 모두 공자가 대표하는 유교에서 나왔다고 본다. 물론 이 주장의 세부 내용을 살피면 전혀 설득력이 없는 것은 아니다.

임금을 신하의 근본으로 간주하는 군위신강(君爲臣綱)은 엄격한 신분질서로 고착화되어 상명하복과 같은 문화를 낳았고, 부부유별(夫婦有別)과 삼종지도(三從之道)는 남자와 여자의 역할을 단순히 구분하는 것이 아니라 성차별과 남녀차별을 고착화한 남존여비(男尊女卑)의 사상으로 이어졌고, 장유유서(長幼有序)는 '찬 물도 위아래가 있다'는 말처럼, 윗사람에 대해 아랫사람이 무조건적으로 복종해야하는 문화로 낳았다고 볼 수도 있다.

그러나 우리가 지난 역사를 되돌아볼 때, 성차별, 신분차별, 나이차별의 근원이 과연 제도화된 유교의 탓일까? 아니면 부와 권력을 가진 자들이 인(仁), 의(義), 예(禮), 화(和)와 같은 유가 사상의 핵심적 가치를 왜곡하여 정권과 권력을 유지하는 도구로만 이용했던 때문일까?

至聖孔子
名丘字仲尼山東
兗州府曲阜縣人

공자의 초상화

중국몽(中國夢): 공자를 살려야 나라가 살까?

　『공자가 죽어야 나라가 산다』는 책은 1999년에 출판되었지만, 이웃 나라 중국에서는 개혁 개방을 표방했던 1987년경부터 공자가 오히려 부활의 기지개를 켜기 시작했다는 것은 무척 아이러니한 일이 아닐 수 없다. 중국은 20세기 초 5.4운동에서 1960년대 문화대혁명에 이르기까지 오랜 기간에 걸쳐 유교의 전통을 뿌리 뽑아야할 악습으로 간주했다. 이 기간 동안 공자는 중국이라는 대제국을 망하게 한 망국의 기표였고, 문화대혁명에서 공자는 타파해야할 구시대 봉건제의 상징으로 여겨짐으로써, 유교의 모든 전통과 급진적 단절을 꾀했다는 사실을 상기한다면, 중국의 유교에 대한 태도의 변화가 얼마나 놀라운 일인지 이해할 수 있을 것이다.

　그러나 1991년에 강택민(江澤民, 장쩌민)은 유가사상에 기초한 중국 민족의 우수한 전통문화에 대한 재평가를 정부의 공식 방침으로 채택했고, 2004년부터는 공자학원을 전 세계에 짓고, 2012년 '중국민족의 위대한 부흥'을 실현하겠다는 '중국의 꿈' 중국몽(中國夢)을 주창한 습근평(習近平, 시진핑)은 이듬해 산동성에 있는 공자묘를 참배하기까지에 이른다.

　약간의 과장을 더한다면, "공자를 살려야 나라가 산다"가 중국의 세계 패권을 장악하고자 하는 중국몽(Chinese Dream)의 슬로건이 된 셈이다. 그것은 2015년 국가전략으로 채택된 '일대일로(一帶一路)'에서도 더욱 구체화된다. 미국의 꿈(American Dream)의 정신이 민주, 자유, 인권과 같은 개념이라면, 중국의 최근 정권에서 표방하는 중국몽은 '인(仁)'과 '화(和)'나 '예(禮)'와 같은 유교의 대표적 가치에 기반하고 있다. 혹자는 공자를 중국 전통의 대표적 아이콘으로 설정함으로써 정치적 경제적 패권뿐만 아니라 문화 패권을 장악하고자 하는 의도에서 유가사상을 이용한다고 의심의 눈길을 보내기도 한다.

국가와 민족이라는 경직된 프레임 안에서 '유(儒)'를 구현할 수 있을까?

그런데 정말 공자를 죽이고 살리는 것이 나라의 흥망과 관계가 있을까? 공자와 그 제자들이 일군 사상의 유파가 '유(儒)'로 요약될 수 있다면, '유(儒)'란 국가나 민족이라는 경직된 틀 속에 가둘 수 있는 그러한 개념이 아니다. 서둘러 결론부터 말하자면, '유(儒)'는 '결여'(lack)에서 출발하는 글자다. 다시 말해 사람들이 필요로 하고 구하고자 하지만 제도나 체제를 통해서는 얻을 수 없는 것을 구하고자 함을 반영한 글자다. 그것은 제도나 체제의 한계 '너머'에 존재하는 것이고, 체제의 경직성을 녹이고 새로운 시작을 명하는 수행적 행위를 지칭하는 글자로 보인다.

따라서 여기서는 '유(儒)'의 어원과 그 파생과정을 살펴봄으로써, 유가사상이 형성되기까지의 유(儒)가 왜 '결여'에서 출발하는지, 그리고 그것이 경직성과 상반되는 유연함과 포용의 정신으로 이어지는 지를 살피고자 한다.

▍중국 문화 선전의 전진 기지 역할을 하고 있는 공자아카데미 엠블럼. 지나친 자국주의 중심의 문화 선전으로 일부 국가에서 저항을 받고 있다.

2. 유(儒)의 어원과 파생

유(儒)의 어원

유(儒)는 人(사람 인)이 의미부고 需(구할 수)가 소리부로, 어떤 필요나 수요(需)를 해결해 줄 수 있는 사람[人]이라는 뜻을 담고 있다. 인(人)의 의미는 어렵지 않게 추측할 수 있다. 나머지 수(需)의 의미를 살피면 다음의 내용을 포함한다. 첫째, 수요(需要)나 필수(必需) 등의 단어에서 보듯이 수(需)는, 현재 존재하는 것이 아니라, 지금 당장 가지고 있지 않아서[lack], 필요로 하는 것을 구하거나, 그것의 공급을 기다리는 상태 등을 의미한다. 둘째, 수(需)로 구성된 합성자로 살펴볼 때 수(需)는 형태가 고정되지 않고 부드럽고 유연한, 즉 쉽게 변화할 수 있는 상태를 의미한다.

유(儒) 외에도 孺(젖먹이 유), 濡(젖을 유), 嬬(아내 유), 燸(따뜻할 유), 擩(담글 유), 曘(햇빛 유), 襦(저고리 유), 糯(찰벼 나), 瑞(옥돌 연), 礝(옥 다음가는 돌 연) 등이 수(需)로 구성된 글자들이다. 이들의 의미에 철학적인 의미를 조금 더해 보자면, 유(孺)는 어린 아이인 '젖먹이'(infant)를 의미하여 세계를 향해 열려있는 유아의 개방성을 담아내며, "물로 적시거나 씻어낸 상태"를 의미하는 유(濡)는 오염과 대비되는 순수의 상태를, '아내'를 뜻하는 유(嬬)는 언제나 남편의 말을 들으며 복종하는 부드러운 존재여야 함을, 그리고 연안에 붙어 있는 땅이나 강물에 씻겨 무너지기 쉬운 땅을 의미하는 연(壖)은 안과 밖, 중심과 주변의 경계를 허무는 '탈'경계의 의미를 담았다.

또 '불에 구워 휘어질 수 있다'는 뜻의 유(燸)나 유(曘)는 유연함을, 유(擩)는 물에 담가 부드럽게 만든다는 뜻을, 유(襦)는 부드러운 섬유로 만들어야 하는 속옷이나 아이들의 턱받이를 말하며, 나(糯)는 점성이 뛰어난 찹쌀로부터 '찰지다'는 뜻이 나왔고, 옥돌다음 가는 돌을 의미하는 연(瓀)과 연(礝)은 모두 옥돌보다는 강도가 약한 부드러운 돌을 뜻한다.

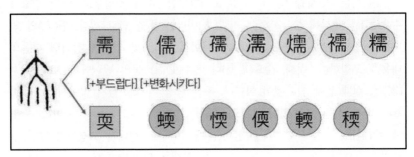

수(需)에서 파생한 글자들

그리고 耎(가냘픈 연)도 수(需)와 같은 어원을 가진다. 수(需)의 윗부분인 우(雨)가 이(而)로 되었고, 아랫부분이 사람의 정면 모습을 그린 대(大)로 되었다. 그래서 연(耎)으로 구성된 글자들도 '부드럽다, 연약하다'는 뜻을 가진다. 예컨대, 연(蝡)은 '애벌레'를 말하는데, 아직 성충이 되지 않은 피부나 몸이 부드러운 상태로서 세계를 향해 열려있는 유아기의 개방성을 담아내는 유(孺)와 연관된 글자다. 연(偄)은 공손하고 순한 것을, 연(愞)은 유연한 마음을, 연(輭)은 상여용 수레가 흔들리지 않도록 바퀴를 부드러운 천이나 가죽으로 싸다는 뜻을 담았다.

이러한 의미를 가진 수(需)와 사람[人]이 합해진 글자가 유(儒)이다. 수(需)로 구성된 한자의 의미를 두루 살피기만 해도, 유(儒)는 죽고 없는 조상을 위한 제사를 어떻게 어떤 방식으로 지내라고 명령하는 경직된 형식과 완전히 다르고, 사후 권력의 테크놀로지로 이용하기 위해 의례 속에 갇혀버린 유교와 얼마나 다른 지 이해할 수 있을 것이다.

수(需)의 어원

그렇다면, 유(儒)의 근간이 되는 수(需)에 왜 이런 뜻이 담겼을까? 갑골문에서 유(儒)는 사람[人]이 없고 수(需)로만 구성되어 다음 그림에서 보듯이 떨어지는 물과 팔을 벌리고 선 사람을 그려 사람이 목욕하고 있는 모습을 형상화했다. 갑골문 당시 사회의 풍습을 감안할 때, 아마도 제사나 제의를 올리기 전, 온 몸을 정갈히 하고, 혹여 세속의 이해타산이나 속세의 오염에서 벗어나 자신을 객관화하기 위해서일 것이다.

'물'은 다른 종교에서도 그러하듯, 음이자 여성이며, 새로운 생명의 잉태를 상징하며, 새 생명으로 열릴 세계를 표상하는 동시에 몸과 마음을 처음 태어났을 때와 같이 오염에서 정화하고, 세상으로 들어오며 생겨난 오염을 깨끗하게 씻어준다는 의미를 지닌다. 그러므로 제사를 지내기 전에 하는 목욕은 단지 몸의 더러움을 씻어낸다는 일상적 의미가 아니다.

더구나 일찍부터 정착농경을 위주로 하였던 고대 사회에서는 기우제(祈雨祭)를 자주 지냈다. 관개수로나 용수원이 오늘날처럼 발달되지 않았던 당시 사회에서 비는 한 해 농사의 성패를 갈랐고, 농사의 실패는 바로 식량부족으로 이어졌기에 인간의 능력을 뛰어넘는 존재에게 비를 내려달라고 제사를 지냈다. 기우제는 주로 비가 내릴 때까지 계속 반복해서 지냈기 때문에, 금문에 들어 물이 雨(비 우)로 바뀌었고, 이후 사람의 모습[大]이 而(말 이

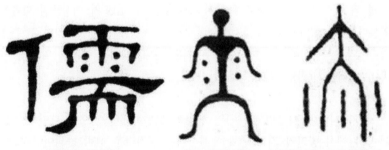

유(儒)의 예서체   유(儒)의 원형인 수(需)의 갑골문 형태들

을 이: 수염을 그린 글자)로 변해 수(需)가 되었다. 이후 '제사장'이라는 의미를 강조하기 위해 人(사람 인)을 더해 유(儒)가 되면서 지금의 글자가 되었다. 제사장은 그 집단의 지도자였으며, 지도자는 여러 경험과 학식을 갖춘 사람이어야 했다. 그래서 이후 유(儒)는 학자나 지식인을 통칭하는 개념으로 쓰였으며, 그러한 사람들의 집단을 유(儒), 그러한 학파를 유가(儒家), 그러한 학문을 유학(儒學)이라 부르게 되었다.

조선시대 때 쓰인 한국 속자에서는 이러한 인문성을 강조해 유(儒)를 인(人)과 文(글월 문)으로 구성된 유(仗)로 쓰기도 했다. 마치 '무인(武人)'과 대척되는 '문인(文人)'이 유학자 그 자체라고 선언하듯 말이다. 사실 '문인(文人)'만이 사회의 지도자가 되어야 한다는 발상은 위험해 보인다. 한자에서 '빛나다'는 뜻을 가진 빈(斌)은 문(文)과 무(武)가 합쳐진 글자인데, 문(文)과 무(武)를 함께 겸했을 때 완성된 인간이요 진정한 인격체가 됨을 웅변한 글자이다. 문질빈빈(文質彬彬)처럼 말이다.

유(儒)의 발전

갑골문에 등장하는 유(儒)는 주로 제사를 주관하는 존재, 즉 술(術)과 무(巫)와 혼재된 제사장이 성격이 강했다. 그들은 기우제를 주관하는 제사장이기도 했고, 병을 치료하는 의사의 역할도 담당했다. 그러다 주나라시기에 이르러 육경이 완비되었고, 그러자 유(儒)도 점차 제사장의 성격을 탈피하게 된다. 지식인의 지칭으로 변해갔고 그 전의 방사나 의사 등과도 차이를 보이게 된 것이다. 그래서 『주례』에서 "유(儒)는 도(道)로써 백성들의 마음을 얻는다."라고 했다. 여기서 도(道)는 『시경』, 『서경』, 『예경』, 『역경』, 『춘추경』, 『악경』 등이라고도 하고, 육예이기도 한데, 육예는 예(禮), 악(樂), 사(射), 어(御), 서(書), 수(數) 등을 말한다.

공자 시대에 이르면 유(儒)는 상당히 보편화했던 것으로 보인다. 『논어·옹야』에서 공자가 자하(子夏)에게 "너는 군자다운 선비가 되어야지, 소인배 같은 선비가 되어서는 아니 된다.(女爲君子儒, 無爲小人儒.)"라고 했고, 순자(荀子)는 유(儒)를 속유(俗儒), 아유(雅儒), 대유(大儒)로 구분하기도 했다. 잘 알려져 있듯이 공자의 시대는 주대의 천하 질서가 무너지고 도덕과 윤리가 실종된 난세였다. 그 당시 유(儒)는 체제 유지를 위해 지켜야할 질서가 아니라, 사람이 살만한 새로운 세상을 열어나가기 위한 새로운 덕목이자 가치였다. 『논어·위정(爲政)』에 나오는 '옛것을 익혀서 새것을 알면 스승이 될 수 있다(溫故而知新, 可以爲師矣)'라는 '온고지신(溫故知新)'을 이전의 주나라 질서에 집착하는 보수주의의 산물로 해석하는 사람도 있지만, 온(溫)은 옛것의 부활이 아니라, 이전의 질서를 가열하고 변형하는 과정을 일컫는다. 물의 변화에서 보듯, 가열해야만 분자운동이 일어나고 일정한 온도 이상이 되면 기체로 변한다. 속성이 완전히 다른 물질로 변하는 것이다.

진시황이 모든 공자 관련 서적을 불태운 분서갱유는 공자에서 맹자 그리고 순자로 이어지는 유(儒)가 그 시대에 얼마나 혁명적 사상이었는지를 반증한다. 부드러움은 강함을 이긴다고 했던가. 유(儒)의 부드러움은 세상을 포용하는 정신에 있다. 누구나 포용할 수 있는 것만을 포용하는 것은 진정한 포용이 아니며, 누구나 용서할 수 있는 것만을 용서하는 것은 용서가 아니다. 제도나 체제가 쉬이 인정하지 않는 인정의 관계를 바꾸고, 이전에는 규범으로 간주되지 않는 것을 규범으로 바꾸는 것, 피를 흘리지 않고 무력을 사용하지 않고서 이런 변화를 도모하는 것을 유(儒)의 정신이라고 하면 지나친 과장일까?

이러한 관점이 과장으로 보이는 것은 유가가 한나라에 들면서 모든 학파를 물리치고 유일한 통치철학으로 채택되었고, 유학을 하는 지식인이 최고 권력 계층으로 등극하면서다. 한나라에 이르러 유(儒)는 이제 더 이상 제사장도, 방사도, 술사도, 의사도 아닌 진정한 완성된 인격체이자 모든 사람이 닮고 싶어 하는 존재가 된 것이다.

물론 최초의 어원사전인 허신(許愼)의 『설문해자(說文解字)』에서는 "유(儒)는 유(柔)와 같아서 부드러운 존재이다. 술사(術士)들을 일컫는 말이다." 라고 했는데, 술사란 도술을 가진 자를 말한다. 한나라 때 편찬된 책이긴 하지만 어원 해설을 주로 했기에 이전의 원형적 의미를 담았다. 이 때문에 청나라 때의 단옥재는 여기서 한 걸음 더 나아가, 허신이 독음이 비슷한 柔(부드러울 유)를 가져와 유(儒)를 설명했듯, 優(넉넉할 우)와 濡(젖을 유)를 가져와 이렇게 설명했다. "유(儒)는 우(優)나 유(柔)와 같아서 넉넉함으로 사람들을 편안하게 해 주고, 부드러움으로 사람들을 설복시킨다. 또 유(濡)라고 풀이하는 것은 선왕의 도(道)로써 몸을 감화시켜 적셔주기 때문이다."

　　성리학을 통치이념으로 삼았던 조선에서는 이에 대한 해설이 더욱 극적이다. "유(儒)는 큰 덕(碩德)을 가진 사람을 말한다. 세상이 필요로 하는 사람이다(需世之人). 수(需)는 독음인데 의미도 겸하고 있다. 또 고금(古今)을 구별할 수 있는 사람이라고도 한다." 『제오유(第五游)』에 나오는 해설이다. 『제오유』는 조선후기 유학자 심유진(沈有鎭, 1723~?)이 쓴 한자 어원 해설서인데, 조선시대 유학자들의 관념이 담겼다는 점에서 연구해볼만한 자료다. 그에 의하면, 유가와 대척점에 있었던 불(佛)을 "서방의 신 이름이다. 우리의 도에 위배되기 때문에(其道悖於吾道), 불(弗)로 구성되었다."라고 했다. 불(佛)을 구성하는 불(弗)은 '붓다'의 음역이기도 하면서, '인간의 경지를 넘어선 존재'를 말했는데, 유가의 도를 어그러지게 하는 존재로 해석했던 것이다.

傲
傃也人義敖音

僥
僥倖又南蠻別名
人義堯音與懰通　僚
同官人義

音僬
雔
僬僥蓋短人西南夷
之別名人義焦音　僑
人義喬音　旅寓也人
義喬音

售直人義售
音與讐通
儒
碩德蓋需世之人也需音彔
從鹿會意人義麗音古只　僔

侶也人義壽
音與疇通
優
勝也倡流以駕人爲務故
仍爲倡優之優人義憂音　儲

畜儲人義諸音畜而
有待故爲儲君之儲
儸
伉儷鹿之性悉則旅行故
從鹿會意人義麗音古只

麗註
有待故爲儲君之儲
音倶以泥爲母

作麗見　儺
驅疫之人義難
音倶以泥爲母
兕
衆蓋永類承音

『제오유(第五游)』. 조선후기 유학자 심유진(沈有鎮, 1723~?)이 쓴 한자 어원 해설서이다. 조선 유학자들의 관념을 강하게 반영한 독특한 해석이 많이 담겨 있다. 책 제목에 들어 있는 '제오'는 육서중 다섯 번째를 지칭하는 서(書)를 말하여, 문자나 서예를 뜻한다. 그래서 공자가 말한 '유어예(遊於藝, 예술에 노닐다)'는 말처럼 '문자학에 노닐다'는 고상한 이념을 담은 이름이다.

3. 종교로 가지 않은 유학

공자에 이르러 하나의 학파를 이루고 체계화한 유가도 출발부터 안정되고 공고한 사회질서체계의 확립을 위해 노력했다. 당시가 주나라와 제후국 간의 봉건 관계가 와해되고, 약육강식의 힘의 논리가 지배하는 전국시대의 시작이었던 시대적 배경을 생각해 보면 충분히 이해가 간다. 그것은 서구의 철학이 우주와 인간의 관계, 혹은 우주 속에서의 인간의 위치 등에 관한 추구를 지향했던 것과는 대조적으로, 순전히 사회나 국가의 체계, 구성원들 간의 질서와 윤리에 관한 학문이었던 것이다. 그래서 그들이 강조했던 것은 이 세상, 내가 살아 생활하는 이 세상을 어떻게 살아야 하는 것인가에 대한 것이었다.

춘추 말기 유가의 창시자인 공자가 주장했던 인(仁)과 예(禮)가 그랬고, 전국시대를 살았던 맹자가 주장했던 의(義)와 덕(德)도 그랬다. 한나라에 들어 동중서에 의해 음양오행과 결합하여 새로운 모습으로 변신하여 유일한 통치철학으로 지위가 올라갔고, 위진 시대에 들어 노장철학과 결합하고, 송나라에 들어 불교와 결합한 주자(朱子)의 성리학(性理學)과 왕양명(王陽明)의 심학(心學), 명말청초의 왕부지(王夫之)에 이르러 유물사상과 결합하는 등, 종교적 속성이 더해지기도 하였고, 또 끊임없이 변신을 거듭했지만, 근본적 속성과 목표는 여전히 사회의 체계와 질서 및 관계에 관한 것이었다.

물론 유학(儒學)이나 유가(儒家)나 유교(儒敎)라는 이름은 서로 달라 그 함의가 다르다. 그러나 유교(儒敎)라는 이름을 사용한다고 해서 기독교(基督敎)나 불교(佛敎)나 이슬람교 같은 그런 '종교'로 보는 사람은 드물다. 대단히 장구한 세월 동안 한 민족의 사상을 지배한 가치체계라는 의미에서 '교(敎)'라는 이름을 붙였을 뿐이다.

마르크스 이념에 의해 나라를 세운 현대 중국의 시진핑도 최근 중국 전통문화에 대한 태도를 언급하면서 "덕(德)으로 나라를 일으키고, 문(文)으로 사람들을 교화해야 하며" "덕이 없으면 나라가 일어설 수도, 사람도 일어설 수가 없다."라고 하였다. 그리하여 21세기 세계의 중심을 꿈꾸는 중국은 새로운 심학(新心學), 새로운 이학(新理學), 새로운 경학(新經學), 새로운 인학(新仁學)을 주창하고 있다. 이처럼 아무리 변신하여도 과거나 지금이나 언제나 경세치용(經世致用)의 가치를 맴돌고 있다. 그것이 유가의 단점이기도 하지만 큰 장점이기도 하다.

그러나 공자가 죽은 후 통치철학으로 변모한 유(儒)의 덕목은 그리 오래 유지되지 못했던 것으로 보인다. 유의 덕목이 유지되기 위해서는 끊임없이 변화하고 극단을 포용하는 끊임없는 자기 수양을 통해서 가능한데 그러지 못했기 때문이다. '수신제가치국평천하'란 자신을 수양하고 가정 속에 인의예지에 따라 가정을 바로 세울 수 있을 때, 세상에 나오라는 뜻이지, 집안단속을 잘하라거나 가족과 아내를 다스리라는 수직적 개념이 들어있는 것은 아니다. 끊임없는 자기 수양은 쉼 없는 인내를 요구했다. 그런데도 통치자들은 자기 수양의 고통을 참아내기 보다는, 그것에 갖가지 형식을 부여했고, 형식의 준수가 곧 유(儒)로 간주되었다. 아픈 부분이 아닐 수 없다.

4. 유(儒)와 선비의 임무

유(儒)의 어원에서 보았듯, 유(儒)는 '결여'에서 출발하여 사람들이 필요로 함에도 현실에서 얻을 수 없는 것을 구하고자는, 기존의 제도나 체제의 한계 '너머'를 보면서 체제의 경직성을 녹여내고 새로운 시작을 명하는 수행적 행위를 반영한 글자이다. 그래서 유는 출발부터 현실적이며, 현실에 바탕을 두되 그 언제나 '너머'를 지향하고 이끄는 존재였다.

목욕재계를 하면서 몸에 묻은 온갖 세속의 욕망을 씻어 내 정결함을 유지해야만 자신에 갇히지 않는 개방적이고 객관적 존재가 될 수 있다. 그래야 세상에서 결여되고 세상이 필요로 하는, 나아가 그 너머의 미래를 인도할 수 있다. 심유진의 해설처럼, '세상이 필요로 하는 사람'이 유(儒)였고, 봉건사회를 살았던 조선의 선비들조차 대의명분과 정의로움 하나에 기대어 지식인의 본분을 다해 왔다. 그것이 오늘날 우리의 역사를 만들었다. 역사의 변곡점 하나하나에 진실한 선비정신의 실천이 있었고, 그런 지식인들이 그래도 정치를, 현실의 삶을 바른길로 이끌었던 것이다.

4차 산업혁명이 시작된 지금, 지식인은 무엇인가? 인공지능시대의 지식인은 무엇을 해야 할 것인가? 앞서도 말했듯, 유는 고체화되고 변화하지 않는 형식이 아니다. 특히 오늘날과 같이 변화하는 세계에서 습관화된 경험이 지식의 전부가 되지 않는다. 앞으로 다가올 4차 산업혁명의 시대는 경험의 파괴를 수반한다. 수신제가(修身齊家)로서의 유는 습관의 파괴를, 진부한 일상의 반복으로 점철된 닫힌 세계를 파괴하는 데 있는 것이고, 평천하(平天下)로서의 유는 세상의 몸들이 요구하는 것에 응답하는 덕목인 것이다. 마치 미세먼지로 가득 찬 세계에서 제대로 숨 쉬고 편안하게 호흡할 수 있는 공기를 요구하는 것처럼, 정말로 필요하지만 쉽게 구하지 못하는 것을 구하는 것에 그 가치와 덕목이 있는 것이다.

지식만 가진 지식인이 넘쳐나고 진정한 지식인이 부재한 시대, 통유(通儒), 홍유(鴻儒)는 점차 사라져가는 시대를 살고 있다. 더는 세상과 유리되지 않고, 이 세상 사람들이 갈구하는 갈증을 앞서 풀어주고, 미래 사회를 예측하고 선도하는 그런 유(儒)가 되도록 다짐하고 또 다짐해야 할 것이다.

┃ 안토니오 그람시(Antonio Gramsci, 1891~1937). 이탈리아의 무솔리니 파시스트 정권의 저항가로서 이탈리아 공산당을 창당했고, 마르크스 주의 형성에 크게 기여했으며, 대항 헤게모니를 창출할 수 있는 세력으로서 지식인의 역할에 주목하였다.

| 05-1 | 선비 **유** | 儒 | [仸], rú |

| 儒 | 儒 說文小篆 |

　　공자와 맹자로 대표되는 儒家(유가)는 동양을 대표하는 전통 사상이다. 우주질서나 신의 세계보다는 인간 세계에, 내세보다는 현세에 주목하여, 종교라기보다는 현실철학이라는 평가를 받는 유가는 어떻게 해서 그런 특징을 갖게 되었을까?

　　儒자의 어원에서 그 실마리를 찾을 수 있다. 儒는 人(사람 인)이 의미부고 需(구할 수)가 소리부로, 어떤 필요나 수요(需)를 해결해 줄 수 있는 사람(人)이라는 뜻을 담았다.

　　갑골문에서는 人이 추가되지 않은 需자로만 등장하는데, 유가가 아직 어떤 집단이나 학파로 구체화하지 못하였음을 말해준다. 需는 떨어지는 물과 팔을 벌리고 서 있는 사람을 그려 목욕하는 제사장의 모습을 형상화했는데, 제사를 지내기 전 沐浴齋戒(목욕재계)하는 모습이다. 이후 이러한 제사가 주로 祈雨祭(기우제)였던 때문인지 금문에 들어 물이 雨로 바뀌었고, 이후 사람의 모습이 而(말 이을 이)로 잘못 변해 需가 되었다. 이후 제사장이라는 의미를 강조하기 위해 人을 더해 儒가 되면서 지금의 형성구조로 바뀌었다.

　　제사장은 그 집단의 지도자였으며, 지도자는 여러 경험과 학식을 갖춘 사람이어야 했다. 그래서 이후 儒는 학자나 지식인을 통칭하는 개념으로 쓰였으며, 그러한 사람들의 집단을 儒, 그러한 학파를 儒家, 그러한 학문을 儒學(유학)이라 부르게 되었다. 한국 속자에서는 이러한 인문성을 강조해 人과 文(글월 문)으로 구성된 仸로 쓰기도 한다.

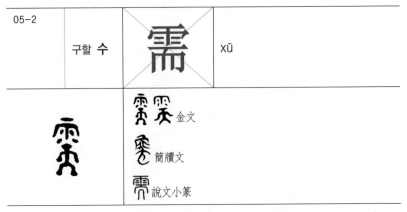

| 05-2 | 구할 **수** | 需 | xū |

需는 금문에서 雨(비 우)와 而(말 이을 이)로 구성되었는데, 而는 大(큰 대)가 잘못 변한 모습이다.

원래는 목욕재계하고 비(雨)를 내려달라고 하늘에 비는 제사장(大)의 모습으로부터 '구하다', '바라다'의 뜻을 그렸고, 이로부터 필요하다의 뜻이 나왔고, 갖추어야 할 것이라는 뜻에서 必需(필수) 등의 뜻이 나왔다.

이후 이런 제사장을 따로 표시하기 위해 人(사람 인)을 더한 儒(선비 유)가 만들어졌고, 이들이 지식의 대표 계층이라는 뜻에서 '학자'라는 의미가 나왔다. 그러한 학자들의 집단이 계파를 이루어 儒家(유가)가 되었고, 그들의 학문을 儒學(유학)이라 부르게 되었다.

중(中): 사사로움에 치우치지 않는 마땅함

올바름을 지속하긴 어렵지만, 권력을 정의로 정당화하긴 쉬워

천하의 근본으로 넘치거나 모자람 없이 꼭 알맞은 상태
좌우 양극단 미세한 차이까지 헤아려 쏠리지 않도록 해야

▎ 중(中)은 편중되지 않고, 과도하지도 모자라지도 않는 것은 그 무엇을 의미한다.
한국의 중심이 대전이 아니라 서울이듯 중은 단순한 공간의 측량이나 실제 위치와
는 상관없다.(그림: 월간중앙)

1. 과녁의 중앙이 중(中)인가?

경상북도 안동 옆에 예천이라는 곳이 있다. 한자로 '예천(醴泉)'이라 쓰는데, 예(醴)는 '제사에 쓰는 단술'을 뜻하고, 천(泉)은 '샘'을 뜻하니, '단맛 나는 물이 솟는 샘'을 말한다. '물이 달고 토지가 비옥한 곳'이 사람 살 곳이라고 한 『택리지』의 말처럼, 예천은 사람 살기에 좋은 땅의 상징어이기도 하다. 『예기』에도 "하늘에서는 단 이슬이 내리고, 땅에서는 단 샘물이 솟아나는구나.(天降甘露 地出醴泉.)"라는 말이 있다. 그래서 이곳 예천은 예로부터 물이 좋았던 곳으로 보인다. 더구나 예천읍 동북쪽에 감천면(甘泉面)이 붙어 있는데, 감천(甘泉)도 예천(醴泉)과 같은 뜻인 것을 보면, 더욱 그렇다.

이곳 예천군에 '세계 활 전시장'이 만들어졌고, '세계 활 축제'도 열린다. 예천이 '활'과 인연을 맺은 것은 다름 아닌 김진호(金珍浩)라는 궁사 때문이다. 그녀는 1979년과 1982년 베를린과 로스앤젤레스의 세계양궁선수권대회에서 2연속 내리 5관왕이 되었다. 지금까지 전 세계에서도 전무후무한 기록이다. 그야말로 신궁(新弓)의 탄생이었다. 이로써 그녀는 세계 양궁사의 살아 있는 전설이 되었는데, 그녀가 바로 이곳에서 태어났다. 이렇게 한국 여자양궁의 신화는 시작되었다. 그 후로 한국의 궁사들은 과녁 중간의 한가운데를 식은 죽 먹듯 적중(的中)시키고, 심지어는 그곳에 설치된 카메라까지 깨트려 세계를 놀라게 하기도 했다. 그래서 한국의 대표 선발전이 세계선수권 대회라는 말도 나왔다.

| 과녁

양궁의 과녁은 지름이 122센티미터로 되었는데, 그 과녁의 10분의 1에 해당하는 지름 12.2센티미터의 한 중앙, 그곳을 맞추면 10점 만점이 주어진다. 보통 50미터나 100미터 밖에서 쏘는데, 그 한가운데 표적을 맞추는 것을 '적중(的中)'이라고 한다. '적(的)'을 위진 때의 『옥편』에서는 '과녁(射質)'이라고 풀이했으니, '적중(的中)'이란 목표한 과녁(的)의 한가운데(中)를 정확히 맞추다는 뜻이다. 그래서 중(中)의 첫 번째 사전적 의미는 '정확히 한가운데'란 뜻이다. 여기서 주의할 것은 중(中)에 '가운데'라는 뜻도 있지만, 더 중요한 것은 '정확함'이라는 의미가 더해진다는 것이다.

그러나 중(中)이 구획된 공간상의 정중앙이나 과녁의 목표를 맞추는 것과 같은 '정확성'을 의미하는 것만은 아니다. 예컨대, 중국은 스스로를 세계 문명의 중심지로 간주했고, 자신 스스로를 '중(中)국(國)이나 '중(中)'화(華)'라고 불러왔는데, 이때의 '중(中)'은 위치로서의 중심이 아니라 권력으로서의 중심을 의미한다. 중국은 스스로 그들의 문명을 세계의 표준으로 삼았고, 중심을 둘러싼 주변 국가들을 오랑캐로 지칭했다. 이렇게 해서 '중(中)'은 위치에서 벗어나 수직적 위계질서에 기반을 두면서 문화적 경계를 만들었다. 중심이 존재하려면 중심을 설정하고, 그것을 중심으로 공간을 위계적으로 분할하기 마련이기 때문이다.

지구본에서 초록색으로 표시된 부분이 중국이다.

'중심과 주변'의 구분은 거리나 공간의 측량이나 실제 위치와는 상관이 없다. 지리적으로 보면, 남한의 중심은 서울이 아니라 대전 근처가 되겠지만, 수도인 서울이 중심이다. 중국의 경우, 한가운데는 소위 '중원' 지역이라 불렸던 하남성이지만, 수도인 북경이 중심이다. 경제와 문화가 발달한 상해도 중시일 수 있다. 그러므로 중(中)의 두 번째 사전적 의미는 '중심과 주변'이라는 위계질서를 함축하는 '중심'이다.

그렇다면 세 번째 의미는 무엇일까? 철학적 의미의 중(中)이 있을 수 있다. 중용(中庸), 중화(中和), 중도(中道), 중정(中正) 등에서 보듯 동양사상의 핵심을 구성하는 핵심어로서의 중(中)이 그것이다. 유가 경전에서도 출현 빈도가 가장 높은 글자로 알려져 있다. 중국뿐만 아니라 한국과 일본 등에서도 대단히 중요한 철학적 함의를 지닌 글자이다. 특히 중용(中庸)은 그 자체가 책이름이 되어 유가를 대표하는 경전인 사서(四書)의 하나이기도 하다.

유가 경전에서의 중(中)은 중국의 중(中)처럼 중국에 편중된 개념이 아니다. 주자(朱子)가 『중용장구(中庸章句)』에서 말했듯, "편중되지 않고, 기울지 않는 것, 그리고 과도하지도 않고 모자라지도 않는 것(中者, 不偏不倚無過不及之名.)"으로 정의될 수 있다. 편중되지 않고, 과도하지도, 모자라지도 않는 것은 도대체 무엇이며, 중(中)은 어떻게 이들 철학적 함의를 설정해 왔는지, 한자의 어원과 의미 변천을 통해서 살펴보자.

2. 위치로서의 중(中): 깃대를 꽂는 자리

중(中)의 각종 자형(字形).

중(中)의 최초의 형태는 무엇을 그렸을까? 중국 최초의 어원사전인 『설문해자』에서는 "사물의 안(內)을 말한다. 구(口)와 곤(丨)이 모두 의미부인데, 곤(丨)은 아래위로 관통함을 뜻한다."라고 풀이했다. 그러나 갑골문을 보면 『설문해자』의 말처럼 '안'이라는 뜻은 원래 의미가 아닌, 이후에 생겨난 파생의미로 보인다.

실제 갑골문에서 중(中)은 그림에서처럼 여러 가지 형태로 나타나는데, ![글자] 나 ![글자] 등은 깃대와 바람에 나부끼는 깃발(㫃·언)을 그린 것으로 보인다. 때로는 윗부분에 장식용 술이 달려 그것이 깃대임을 더욱 분명하게 나타내 주고 있다. 때로는 ![글자] 에서처럼 깃대가 둘 그려지기도 했고, ![글자] 에서처럼 깃대 아래로 사람의 모습이 더해져, 깃대를 중심으로 사람들이 모인 모습을 그리기도 했다. 두 깃대에 달린 깃발의 방향은 어긋나지 않고 언제나 한 방향으로 그려졌는데, 바람에 나부낌을 형상적으로 표현한 것이다. 이들 자형에 등장하는 동그라미(때로는 네모)는 깃대를 꽂은 공간을 상징한다. 그리고 고대 사회에서 자신의 씨족임을 표시하기 위해 깃발에다 그들을 상징하는 부호(토템)를 그려 넣었다는 『주례·사상(司常)』의 기록을 볼 때, 이들은 씨족 표지를 그려 넣었던 깃발이었을 것으로 추측된다.

고대사회에서, 부족이나 공동체에서 중요한 큰일이 있으면 넓은 터에 먼저 깃대(中)를 세우고 이를 중심으로 민중들을 집합시켰다고 한다. 갑골문에서도 '작중(作中)'이나 '입중(立中)'이라는 말이 자주 나오는데, 이들은 모두 직역하면 '깃대를 세우다'는 뜻인데, 갑골문에서 이들이 '군중을 불러 모으다'는 뜻으로 쓰인 것이 이를 반증한다. 중대사가 생겨 부족이나 씨족을 상징하는 '깃대'를 세우면 민중들은 사방 각지로부터 몰려들었다. 모여든 그들 사이로 깃대가 꽂힌 곳이 바로 '중앙(中央)'이자 '중심(中心)'이었다.

이로부터 중(中)에는 공간이나 위치상의 '중앙'이라는 뜻이 생겨났다. 그리고 그것은 '중앙'이라는 위계적 의미의 '중심'으로 확대되었다. 그리고 과녁의 한가운데에서 파생하여 '마침 맞은'이라는 뜻도 나오게 되었는데, 마침 맞다는 것은 사사로움에 치우치지 않고 모두에게 가장 적절하다는 뜻이다.

이러한 과정을 거쳐 중(中)은 적중(的中)에서처럼 '과녁'과 자연스레 연계되었고, 그 자체로 '과녁의 한가운데를 맞추다'는 뜻까지 담게 되었다. 예컨대, 『의례·향사례(鄕射禮)』에 나오는 호중(虎中), 녹중(鹿中), 시중(兕中) 등을 '호랑이를 그린 과녁', '사슴을 그린 과녁', '무소를 그린 과녁' 등으로 해석하는 이유도 여기에 있다. 그래서 오늘날의 현대 중국어에서도 '가운데'라는 뜻일 때는 'zhōng'과 같이 제1성으로 읽지만, '맞추다, 적중하다'는 동사의 뜻으로 쓰일 때에는 'zhòng'과 같이 제4성으로 구분하여 읽는다.

3. 위계로서의 중심과 중(中)의 파생

'과녁의 한가운데'와 깃대가 상징하는 '중심'이라는 어원을 가지는 중(中)은 이후 어떻게 분화, 발전해 나갔을까? 앞서 말했듯, 최초의 한자어원사전이라 불리는 『설문해자』에서는 "안쪽을 말한다. 구(口)와 곤(|)이 모두 의미부인데, 곤(|)은 아래위로 관통함을 말한다.(上下通. 內也. 从口 | , 上下通.)"라고 하여 중(中)의 의미를 경계의 '안쪽'으로 풀이했다. 안쪽은 바깥에 대칭되는 말이다. 그래서 이후 공간적 의미의 '안쪽'이 추상적 개념의 '안'이라는 뜻으로 파생되었을 것이다.

이렇게 해서, 중(中)은 적중(的中)이나 중심(中心) 뿐 아니라 중앙(中央)이라는 뜻으로까지 확장되어 나갔다. 게다가 중화(中華)에서 보듯, 중국은 언제나 세상의 중심, 세계의 중심이었다. 중국의 전체 역사를 관통하고 있는 화이(華夷)사상에서 보듯, 중국은 세계를 중국을 중심에 두고 나머지를 주변으로 설정하면서, 중심과 주변을 중국 중심으로 위계화 하고 있다. 하늘이 내려준 왕조 천조(天朝)가 통치하는 중국을 중심으로, 그 중심에서 멀어질수록 문명이 없는, 야만 문명으로 간주되었다. 즉 중국을 중심으로 주변에 자리한 사이(四夷), 그리고 그 밖의 양이(洋夷)가 설정되었다. 이렇게 해서 중(中)은 '중앙정부(中央政府)'나 '중앙당(中央黨)'에서처럼 더 이상 위치로서의 중심이 아니라 위계화한 '중심', 권력을 가진 '중심'으로 변했다.

그렇게 되자, 중(中)은 각각의 미세한 의미를 표현할 다른 글자들로 더욱 분화하였는데, 충(衷: 속마음), 충(忠: 충성), 충(沖: 비다), 사(叓=史) 등이 그것들이다.

먼저, 충(衷)은 중(中)과 의(衣)가 결합한 글자로, 원래는 속(中)에 입는 옷(衣), 즉 내의(內衣)를 말했다. 예컨대, 『좌전』에 등장하는 '충갑(衷甲)'은 '갑옷을 옷 속에 입다'라는 뜻이다. 이후 속에 입는 옷(內衣)이라는 뜻으로부터 속마음으로 확장되었다. 예컨대, 충심(衷心: 마음에서 우러러 나오는 참마음), 충정(衷情: 마음속에서 우러나오는 참된 정), 의충(意衷: 마음속에 깊이 품고 있는 참뜻) 등이 그렇다. 사실 이들은 달리 중심(中心), 중정(中情), 의중(意中) 등으로 쓰기도 하여 중(中)과 충(衷)이 분화하기 전에는 같았음을 보여준다.

다음으로, 충(忠)이다. 충(忠)은 중(中)과 심(心)으로 구성되었는데, 『설문해자』에서 "경(敬: 엄숙하다)과 같다. 마음을 다하는 것(盡心)을 충(忠)이라 한다."라고 했다. 그렇다면 충(忠)은 한곳으로 치우치지 않는 정확한 마음, 정직한 마음을 말한 것일 것이다. 『논어』에 나오는 일일삼성(一日三省: 하루에 반성하는 세 가지)의 하나에 "다른 사람과 교제함에 진심을 다하였는가?(爲人 謀而不忠乎?)"라는 말이 있다. 여기서 충(忠)은 '진심을 다하다'는 뜻으로 쓰였다. 또 충(忠)은 서(恕)와 함께 공자의 정신을 대표하는 개념이기도 하다. 서(恕)가 다른 사람에게 대한 관대함이라면, 충(忠)은 자신에 대한 엄격함이다.

그래서 충(忠)은 원래 올바름을 향하여 모든 힘을 다하는 것, 사심 없이 유혹을 견뎌내는 것, 자신의 본분을 다하는 것, 그것이 충(忠)의 본질이었다. 이처럼 충(忠)은 원래 지도자가 자신에 대해 가져야 하는 도덕적 요구에 한정된 말이었다. 그래서 『좌전』(환공 6년)에서 "임금이 백성을 이롭게 하고자 생각하는 것, 그것이 충(忠)이다."라고 했던 것이다. 그러나 이후 충(忠)은 아랫사람에게나 신하에게도 요구되는 덕목이 되었고, 급기야 신하가 지켜야 할 덕목으로 한정된다. 예컨대, 『관자·오보(五輔)』에서는 "임금이 되는 자는 중정(中正: 치우침이 없고 올바름)하여 사사로움이 없어야 하고(無私), 신하 되는 자는 충신(忠信: 충성과 신의)하여 한쪽으로 치우치지 말아야 한다(不黨)."라고 하여, 임금의 중정(中正)에 대비되는 신하가 가져야할 덕목으로 자리하였다.

파스칼(Blaise Pascal, 1623~1662)

　　그러나 지도자란 치우침이 없는 올바름을 지속하는 것은 어렵지만, 권력을 정의로운 것으로 정당화하기는 수운 법이다. 파스칼은 『팡세』에서 말했다. "권력이 정의(justice)와 함께 하기 위해서는 정의에 힘을 부여하고, 권력을 정의롭게 만들어야 한다. …… 정의는 논란의 대상이 되기 쉽지만, 권력에 저항하기는 어렵다. 그래서 사람들은 강한 것을 정의로운 것으로 정당화해왔다."이런 심리를 배경으로 지도층의 덕목으로서의 '충'은 약화되고, 백성이 국가에, 아랫사람이 윗사람에게, 개인이 조직에 '충성'하는 개념으로 변질되었다.

또 중(仲)은 사람의 순서에서 '가운데'라는 뜻을 가진다. 갑골문에서 중(中)은 이미 중정(中丁), 중기(中己), 중자(中子) 등과 같이 형제의 순서에서 '둘째'를 나타내는 말로도 쓰였는데, 항렬의 순서를 나타내는 의미를 더욱 분명하게 하고자 인(人)을 더하여 중(仲)이 되었다.

그런가 하면 중(中)과 우(又)로 구성된 사(叏)는 사(史)의 다른 표기로, 사관이나 역사를 뜻한다. 우(又)가 '손'이나 손으로 하는 행위를 뜻함을 고려하면, 사(叏)는 치우치지 않는 정확함, 그것을 기록하는 것이 역사이고 사관의 임무임을 천명한 글자라 하겠다. 중(中)의 가치를 반영한 글자이다.

4. 중심(中心)과 주변(周邊)

주변에 대해 위계적 질서로 존재하는 중심, 이는 주변의 어원과 연계될 때 더욱 징명해진다. 주(周)의 갑골문 형체에 대한 해석은 다양하다. 어떤 이는 사금(砂金)을 채취하는 뜰채를 그렸다고 하며 어떤 이는 물체에 조밀(稠密)하게 조각을 해 놓은 모습이라고도 한다. 하지만 稠(빽빽할 조)나 凋(시들 조) 등과의 관계를 고려해 볼 때 이는 밭(田·전)에다 곡식을 빼곡히 심어 놓은 모습을 그린 것으로 보인다. 곡식을 밭에 빼곡히 심어 놓은 것처럼 '조밀(稠密)하다'가 주(周)의 원래 뜻이었는데, 이후 나라이름으로 쓰이게 되자 원래 뜻을 나타낼 때에는 禾(벼 화)를 더한 조(稠)로 분화함으로써 그것이 곡식임을 구체화했다. 또 冫(얼음 빙)이 더해진 조(凋)는 빼곡히 자란 곡식(周)이 얼음(冫) 같은 서리를 맞아 시들어가는 모습으로부터 '시들다'의 뜻을 만든 것으로 추정된다. 주(周)는 갑골문 자형은 이후 口(입 구)가 더해져 지금처럼의 형체가 완성되었는데, 곡식을 빽빽하게 심은 농경지의 모습에 구(口)가 더해진 것은 '조밀하게' 심겨진 것이 식용의 대상물임을 더욱 강조하기 위한 것으로 추정된다.

사실, 왕조의 이름으로 쓰인 주(周)는 주(周) 나라가 농경국가임을 반영하고 있다. 또 주나라의 시조인 후직(后稷)도 고유명사처럼 보이지만 사실은 '곡식(稷)의 신(后)'이라는 뜻이다. 어순에서 수식어가 피수식어의 앞에 놓이는 지금의 순서와 달리 뒤에 놓였을 뿐이다. 지금이라면 '직후(稷后)'가 더 자연스러울 것이다. 역사가 증명하듯, 중국의 경우 주나라에 들면서 정착농경이 확고히 자리 잡게 되었고, 본격적인 농업혁명이 이루어지고 그에 상응하여 정전제(井田制) 등과 같은 토지제도와 세금제도, 종법(宗法)제도나 봉건(封建)제도와 같은 농업사회에 알맞은 통치 제도 등이 완비된 것도 이러한 배경에 기인한다.

이후 주(周)는 다시 여러 뜻으로 파생되었다. 첫째가 주변(周邊)이라는 뜻인데, 그것은 성을 중심으로 국가를 형성했던 고대 중국에서 중심지에 식량을 제공하는 경작지는 성을 둘러싼 '주변'에서 이루어졌기 때문이다. 또 주변까지를 아우른다는 뜻에서 '두루'의 의미가, 곡식의 수확에서 수확까지의 한 주기를 뜻하는데서 주기(週期)라는 의미까지 생겨났는데, 週(돌 주)는 주기의 운행(辵)을 강조한 글자이다.

변(邊)은 구조가 명확하지만, 그것의 어원에 대해서는 제대로 된 해설이 아직 없다. 다만 시라카와 시즈카(白川靜)의 해석이 관심을 가지게 한다. 최초로 등장하는 금문에서부터 변(邊)은 辵(쉬엄쉬엄 갈 착)과 臱(보이지 않을 면)으로 구성되었는데, 면(臱)은 소리부도 겸하는 구조로 되었다. 착(辵)은 어떤 곳으로의 이동을 의미하고, 면(臱)은 시신의 해골만 따로 분리해 코(自·자: 鼻의 원래 글자)의 구멍(穴·혈)을 위로 향하게 하여 구석진 곳(方·방)에 안치해 두던 옛날의 촉루붕(髑髏棚)의 습속을 반영했다. 시신의 해골만 분리해 구석진 곳으로 옮긴다는 뜻에서 '가장자리'나 '변두리'의 의미가 나왔다는 것이 시라카와의 주장이다.

상나라의 후기 수도였던 하남성 은허(殷墟)의 많은 무덤에서는 당시 가장 강력한 적이었던 강족(羌族) 등을 포로로 잡아 목을 자르고 해골만 따로 모아 가지런하게 정리해 놓은 유적이 자주 발견되는데, 이것이 바로 촉루붕(髑髏棚)의 존재를 확인해 주고 있다. 게다가 1974년 발굴된 부호(婦好) 묘에서도 그 비슷한 잔흔을 충분히 찾을 수 있다.

여기서 볼 수 있듯, 주변(周邊)을 구성하는 주(周)는 '중심'인 성 안으로 제공되어 '중심'을 먹여 살리는 곡식이고, 변(邊)은 중심에 의해 핍박받고 제물로 바쳐지기 위해 목까지 잘려 시신과 분리된 해골로 상징된다. 그래서 생전에 중심을 먹여 살리는 곡식과 죽어서도 중심을 지키고 복무하는 두 개의 어울리지 않는 의미가 만나서 하나의 단어, 주변(周邊)을 만들었다 할 수 있다.

이렇듯, 주변(周邊)이라는 단어의 어원을 통해 볼 때, '중심'은 더욱 주변을 희생으로 삼고, 주변을 지배하는 엄청난 위계적 질서로 존재하는 '중심'임을 알 수 있다.

5. 철학적 의미로서의 중(中): 행위의 도덕 준칙

錢穆
1895.7.30 — 1990.8.30

┃ 중국 역사학계의 거두로 수많은 저서를 남긴 저명한 학자 전목(錢穆)은 국학대사(國學大師)라는 칭호를 얻은 근대의 보기 드문 학자의 한 사람이다.

그러나 『설문해자』의 또 다른 판본에서는 '내(內: 안쪽)'가 '화(和: 조화로움)'로 표기된 경우도 있다. '조화로움'을 나타내는 화(和)는 어원적으로 볼 때, 다관 피리를 그린 화(龢)에서 변한 것이다.(이 책의 제3장 화(和) 참조) 이는 길이가 다른 각각의 피리가 각자가 내야 하는 장단고저의 정확한 음을 확보할 때 '조화로움'이 실현되며, 미세한 차이까지 찾아내고 배려하여 가장 적정할 것을 취하는 것이 바로 '조화로움'이라 하겠다.

넓은 터(囗)에 깃대(丨)를 꽂아서 사람들을 불러 모았던 것은, 공동체의 큰일을 의논하기 위한 것이었다. 결단을 내리기에 앞서 사람들의 의견을 수렴하고, 이를 대의로 확정했을 것이다. 물론 이렇게 해서 확립된 대의는 오늘날의 의미에서 민중의 뜻이라기보다는 하늘(天)이나 신(神)의 뜻으로 간주되었을 것이다.(중용(中庸)의 '용(庸)'의 의미 참조) 당시에도 한 개인이나 권력자의 뜻이 아니라 여러 사람의 뜻을 하나로 모았을 때 더욱 하늘의 뜻에 근접한다고 여겼을 것이기 때문이다. 이는 사람들의 의견을 수렴함에 있어, 개인이나 특정 집단의 사사로운 이익이나 이해관계에 얽매이지 않았다는 것이다. 또 상당한 힘과 노력을 들여서 결단을 내리게 된 의견수렴 과정 역시 평소의 습관이나 일상적 생활태도보다 훨씬 더 집중력을 요하는 과정이었을 것이라 추정할 수 있다.

이 때문에 원시시대 때의 활이 단순히 전쟁의 무기가 아니라, 귀족들의 몸과 마음을 수련하는 과정의 일부가 되었고, 그 과정에서 과녁의 중심이 어떤 것의 '한가운데'를 상징하는 중요한 매개체로 변화했다. 적중에 필요한 고도의 집중, 그것이 활쏘기를 단순히 신체를 단련하는 수단에 그치지 않고 마음을 다스리고 덕과 예를 함양하는 데 필수적인 활동으로 자리 잡게 만들었다.

이후 중(中)은 단지 과녁의 중간이나 한 중간 지점, 혹은 중간에 자리한 지역이라는 공간적 중심, 그리고 주변과 중심이라는 관계에서 보이는 위계적 질서로서의 중심이 아니라, 주자가 『중용(中庸)』에서 말한 중(中)처럼, 지나침(過)이나 부족함(不足)이 없는 행위의 도덕 준칙으로 자리 잡게 된다.

유가의 중요한 경전인 『중용』의 저자에 대해서는 논란이 있다. 이는 공자가 지은 것이 아니라, 공자의 손자인 자사(子思, 즉 孔伋, 기원전 483~기원전 402년)가 지었다고 알려졌다. 물론, 전목(錢穆, 1895~1990)의 연구에 의하면, 『중용』에 노가사상이 혼재되어 있는 것으로 보아 상당히 이후의 저작이며 후인에 의한 가탁일 가능성이 높다고도 한다. 유가사상에서 예(禮)에 관한 핵심 경전인 『예기』 49편 중 제31편이기도 한 『중용』은 북송 때에 이르러 정이(程頤) 정호(程顥) 형제에 의해 존숭되었다. 그리고 이후 주희(朱熹)에 의해 『논어』, 『맹자』, 『대학』과 함께 유가의 대표 경전인 사서의 하나 확정되면서 최고의 위치로 올라가 모든 사람의 필독서가 되었다. 그리하여 중(中)은 가장 중요한 도덕 준칙으로 자리 잡게 되었던 것이다.

中듕庸용諺언解해

天텬命명之지謂위性성이오率솔性성之지
謂위道도ㅣ오脩슈道도之지謂위敎교ㅣ니
하눌히命명ᄒᆞ샨거슬닐온性성이오性
셩을率솔ᄒᆞᆯ쓸닐온道도ㅣ오道도를닷
글쓸닐온敎교ㅣ니라

道도也야者쟈ᄂᆞᆫ不블可가須슈臾유離리
也야ㅣ니可가離리면非비道도也야ㅣ라是시
故고로君군子ᄌᆞᄂᆞᆫ戒계愼신乎호其기所소
不블睹도ᄒᆞ며恐공懼구乎호其기所소不

『중용언해』. 1590년(선조 23)에 『중용』의 원문에 한글토를 붙이고 언해한 책이다. 교정청(校正廳)에서 활자본으로 간행하였다. 열화당 책 박물관 소장본.

『중용』에 이런 말이 있다.

> 기뻐하고 성내고 슬퍼하고 즐거워하는 정(情)이 아직 일어나지
> 않은 상태를 중(中)이라 하고,
> 기뻐하고 성내고 슬퍼하고 즐거워하는 정(情)이 일어나되 모두
> 절도(節度)에 맞는 상태를 화(和)라 한다.
> 중(中)이란 천하의 큰 근본이고,
> 화(和)란 천하에 두루 통하는 도(道)이다.
> 중(中)과 화(和)를 지극히 하면, 천지(天地)가 편안히 제자리를
> 잡고, 만물(萬物)이 제대로 성장한다.

중용(中庸)은 중용(中用)과도 같다. 용(庸)은 원래 용(用)에서 파생한 글자로, 용(用)자에 경(庚: 원래는 매다는 악기를 그린 것으로 추정된다)이 더해진 글자로, 용(用)과 의미가 같다. 일의 시행에 '쓰는' 것을 말했기에 이후 필요하다, 고용하다, 노고 등의 뜻이 나왔다. 다만, 그 대상이 사람일 때에는 인(人)을 더한 傭(품팔이 용)으로 구분해 썼다.

물론 용(用)의 자원은 아직 분명하게 밝혀지지 않았다. 희생에 쓸 소를 가두어 두던 우리를 그렸고 그로부터 '쓰다'의 뜻이 나왔다거나, 중요한 일의 시행을 알리는 데 쓰는 '종'으로부터 '시행'의 뜻이 나왔다고 하는 등 의견이 분분하다. 하지만, 자세히 살피면 가운데가 복(卜)이고 나머지가 冎(冎·뼈 발라 낼 과, 骨의 원래 글자)로 구성되어 점복에 쓰던 뼈를 그렸다는 설이 설득력 있어 보인다. 또 어떤 사람은 복(卜)과 중(中)으로 구성되었다고도 하는데, 복(卜)은 점복(거북점에서 기원했다)을 뜻하고, 중(中)은 맞아 떨어지다는 뜻이다. 점을 쳐서(卜) 맞아떨어질 때 '시용(施用)하다'는 뜻에서 '사용하다'의 뜻이 나왔다고도 한다.

여하튼 점[卜]은 고대 사회에서 중대사를 결정할 때 반드시 거쳐야 하는 절차였고, 특히 상나라 때에는 공동체에서 시행되던 거의 모든 일이 점을 통해 이루어졌다. 이 때문에 점을 칠 때 쓰던 뼈로써 시행의 의미를 그렸고,

여기서 사용(使用), 응용(應用), 작용(作用) 등의 뜻이 생겼다. 이후 중요한 일이 결정되어 모든 구성원에게 이의 시행을 알리는 행위로서 '종'이 주로 사용되었기에 다시 '종'의 의미가 나온 것으로 보인다. 용(用)에서 파생된 甬(길 용)은 윗부분이 종을 거는 부분으로 매달아 놓은 '종'의 모습인데, 고대문헌에서 용(用)과 용(甬)이 자주 통용되는 것도 이 때문이다. 그래서 용(用)과 용(甬)이 들어간 글자는 대부분 '종', 매달린 종처럼 '서다', 속이 빈 '종'처럼 '통하다', 큰 종소리처럼 '강력하다' 등의 의미를 갖기도 한다.

그래서 '중용(中庸)'의 중(中)은 지나치거나 미치지 못함이 없이 꼭 알맞은 것을 말하며, 용(庸)은 용(用)과 같아 점복과 일치하는 하늘의 의지를 상징하여 언제나 변함이 없이 바른 것을 말한다. 그래서 중용이란 이것도 아니고 저것도 아닌 중간적인 것이 아니라, 인간 행위의 가장 참되고 불변하는 원리인 것이다. 이 때문에 『논어·옹야』에서도 "중용의 올곧음은 정말 지극하기 그지없구나(中庸之爲德也, 其至矣乎.)"라고 했던 것이다. 중용의 이론적 기초가 천인합일(天人合一)에 근거를 두었다는 말도 이처럼 중용(中庸)의 어원에서 찾을 수 있다.

『중용(中庸)』에서 주창했던 이상적 목표는 중화(中和)였다. 희로애락의 어떤 감정에도 흔들리지 않고 평정과 안정된 상태를 유지하는 것, 그것은 인간의 본성 뿐 아니라 만물의 진정한 본래 모습일 것이다. 또한 그러한 감정이 발산되었다 하더라도 중(中)의 상태로 절제하여 조화를 이루는 것 그것이 화(和)라고 했다. 그래서 중(中)은 천하의 큰 근본이고, 화(和)는 천하에 두루 통하는 도(道)이며, 중(中)과 화(和)가 지극하면, 천지(天地)가 편안하고 만물(萬物)이 제대로 자라난다고 했던 것이다.

이러한 중화(中和)는 모든 존재의 이상적 목표였다. 이러한 목표는 중정(中正: 치우치지 않고 올바름)이라는 규범을 통해서 이루어지고, 중정(中正)은 시중(時中: 언제나 치우치지 않음)이라는 내재적 본질에 의해 형성되며, 시중(時中)은 상중(尙中: 치우치지 않음을 숭상함)에서 그 출발점을 가진다 하겠다.

6. 중(中)을 넘어서: 진정한 중심

이상에서 살펴본 것처럼, 중(中)은 깃대가 꽂힌 그곳, 즉 중심지에서 출발하여, 과녁의 중앙처럼 한가운데를 지칭하게 되었다. 과녁의 한 중앙은 더이상 좌와 우의 중간지대가 아니다. 그것은 그곳 아니면 아니 되는 곳을 지칭한다. 철학적 개념화한 중용(中庸)은 바로 이러한 정신을 반영한다. 중용(中庸)이 그러할진대 중도(中道)는 좌와 우의 절충된 중간이 아니라 반드시 걸어가야 할 진리의 길이다.

중(中)은 어떻게 중국의 한정된 범위를 벗어나 세상의 보편적 가치로 발전하게 되었을까? 중(中)이 단순히 세계의 '중심'이라는 중국 중심의 문화를 특권화만 하였더라면, 그것이 중요한 사상적 가치를 담은 철학적 개념어가 되어, 주변 국가로 널리 확산하지는 못했을 것이다. 중(中)이 중국 중심의, 중국만의 가치이기를 멈추었기 때문에, 비로소 그것은 보편적 가치가 되었으며, 중국이 아닌 다른 장소로 이동하고 번역될 수 있었던 것이다. 다시 말해 그 지역만의 특수성이 삭제될 때, 위계적 질서로서의 중심이라는 의미가 제거될 때, 그 문화는 보편성을 획득하게 된다. 그리고 다른 지역으로 확산될 수 있고, 그 지역문화와 결합된 실천적 가치로 거듭날 수 있다.

어쩌면 이러한 해석도 가능할 것이다. 우리사회에서 제3국의 불법체류 노동자들은 열악한 조건 속에서도 우리가 꺼리는 힘든 일을 기꺼이 함으로써 중심부인 한국사회에 곡식을 제공해 주는 역할을 떠맡고 있다. 그러나 그들의 존재는 언제까지나 법의 테두리 속에서는 존재할 수 없는 범법자로서, 인간이라기보다는 오히려 제물로 바쳐지기 위해 목까지 잘렸던 해골에 가까운 존재들이다.

게다가 그들은 단순히 해골 그 자체라기보다는 자원이 의미한 것처럼 언제나 보이지 않는 곳을 구성하고 있어야 한다. 만약 그것을 위반하여 중심부의 눈에 보이게 되는 순간 중심부를 먹여 살렸던 그간의 공헌에도 불구하고 그들은 정말 법 바깥으로 추방되어야 하는 존재이다. 그것이 냉엄한 현실이다. 이렇게 볼 때 주변(周邊)이라는 어원 속에 숨겨진 중심과 주변과의 역학 관계는 오늘날 이 시점에서도 여전히 유효한 개념이 아닐 수 없다.

　그렇다면 우리가 걸어야 힐 길, 중도(中道)가 지향하는 진리의 길은 어디에 있을까? 고대사회에서 점복을 통해 신의 의지를 확인하고 맞아떨어질 때 그 일을 시행했듯, 하늘의 뜻이 바로 진리의 길이다. 다만 오늘날의 하늘은 바로 민심이다. 그래서 민심이 바로 천심이다. 그렇다면, 중도(中道)란 좌가 되어서도 아니 되고 우가 되어서도 아니 되는 것이 아니라 민심이 지향하는 곳이면 되는 것이다. 그곳이 좌든 우든 상관이 없다. 다만 이 양극단의 미세한 차이까지 잘 헤아려 한쪽에 치우치지 않도록 하는 것도 언제나 생각해야 할 것이다.

　그러나 우리의 정치현실에서 중도(中道)는 여전히 자리 잡기 힘든 길로 보인다. 중도(中道)도 힘든데, 극중(極中)은 어떠하겠는가? 그러나 그것은 중도(中道)에 대한 오해에 비롯한 바 크다. 지금의 민심이 지향하는 것, 그것을 잘 헤아려 실현하는 것, 그것이 중도(中道)라면 충분히 실현 가능하고, 반드시 실현시켜야 할 정신이다.

○ 어원해설 ○

06-1	가 운 데 중	中	zhōng, zhòng

中 甲骨文　中 金文

中 古陶文　中 古幣文

中 盟書　中 簡牘文　中 古璽文

中 說文小篆　中 說文古文　中 說文籀文

中처럼 오해가 많은 글자도 없다. 中을 이도 저도 아닌 중간치로 여기기 때문이다. 중도(中道)라는 말도 원래는 한쪽으로 치우치니 않는 바른 길을 뜻하였고, 불교에서도 유(有)나 공(空)에 치우치지 않는 절대 진리를 말하여 '이것 아니면 아닌 것'을 뜻했는데, 현실에서는 달리 사용되고 있다.

中은 갑골문에서 볼 수 있듯이 바람에 나부끼는 깃발을 그렸다. 깃대에 달린 장식물에 바람을 받아 항상 같은 쪽으로 그려져 그것이 깃발임을 상징화 했다.

고대 중국에서 자신의 씨족임을 표시하기 위해 깃발에다 상징 부호(토템)를 그려 넣었다는 『주례·司常(사상)』의 기록을 볼 때 이는 아마도 씨족 표지 깃발이었던 것으로 보인다. 옛날 집단 사이에 중대사가 있으면 넓은 터에 먼저 깃발(中)을 세우고 이를 중심으로 민중들을 집합시켰다. 민중들은 사방 각지로부터 몰려들었을 터이고 그들 사이로 깃발이 꽂힌 곳이 '中央(중앙)'이자 '中心(중심)'이었다.

이로부터 中에는 '중앙'이라는 뜻이 생겨났고 다시 모든 것의 중앙이라는 뜻으로 확대되었다. 여기서 다시 '마침 맞은'이라는 뜻을 갖게 되었는데, 마침맞다는 것은 어느 한 쪽으로도 치우치지 않고 가장 적절하다는 뜻이다. 이로부터 的中(적중)하다, 정확하다의 뜻도 나왔다.

　이렇게 본다면 中의 의미는 세 단계를 거친다. 첫째 깃대를 꽂은 그곳이 가운데라는 위치적 지리적 '중심'인데, 여기에는 위계의 개념이 관여하지 않았다. 둘째는 중심과 주변에서처럼 위계적 개념이 관여한 '중심'이다. 셋째는 중용(中庸)에서처럼 중심을 넘어선 중심을 뜻하는 철학적 개념의 '중심'이다. 이 중심은 양쪽의 중간이 아니라 그것이 아니면 아니 되는 것, 즉 인간이 언제나 지켜야 하는 한 가운데, 절대적 가치를 지니는 '중심'을 뜻한다.

06-2		
충성할 충	忠	zhōng

金文

古陶文　簡牘文　古璽文

說文小篆

한국인들에게 익숙한 '충', 그것의 정의는 무엇일까? 사전에서는 '임금이나 국가 따위에 충직함'이라 풀이했다 과연 그럴까?

忠은 글자 그대로 中(가운데 중)에 心(마음 심)이 더해진 글자이다. 그래서 충심이나 충성을 뜻하는 忠은 원래 어느 한 쪽으로도 치우치지 않은(中) 공평무사한 원칙을 견지하는 마음(中)이 바로 '충'임을 말해준다. 이로부터 충성, 충심 등의 뜻이 나왔고, 孝(효)와 짝을 이루어 유가의 중요한 철학 개념이 되었다.

여기서 中은 앞서 말한 中의 세 가지 의미 중 세 번째 단계인 철학적 개념의, 인간이 항상 지켜야 할 치우치지 않는 공평한 마음인 '중심'을 말한다. 인간관계에서 변함없이 견지해야 할 핵심 가치이다.

현대를 사는 우리들이 곱씹어 보아야 할 부분은, 忠이 선진시대 때에는 윗사람이 아랫사람에게 가져야 하는, 항상 편견 없이 공평한 마음으로 대해야 하는 도덕률이었으나, 점차 아랫사람이 윗사람에게 행해야 하는 가치관으로 바뀌었고, 내용도 정의를 위한 사심 없는 마음이 아니라 이익의 추구와 진영의 가치를 지지하기 위한 맹목적 '충성'으로 변질되었다는 점이다.

가 변	邊	边, [辺], biān

邊 金文
邊 簡牘文
邊 說文小篆

　　지금의 자형에 의하면 邊은 辵(쉬엄쉬엄 갈 착)이 의미부고 臱(보이지 않을 면)이 소리부로, '가장자리'를 뜻하는데, 자원은 분명하지 않다. 그러나 辵은 어떤 곳으로의 이동을 의미하고, 臱은 시신의 해골만 따로 분리해 코(自)의 구멍(穴혈)을 위로 향하게 하여 곁의 구석진 곳(方방)에 안치해 두던 옛날의 髑髏棚(촉루붕)이라는 습속을 반영한 것이라는 게 일본 학자 시라카와 시즈카의 해설이다.

　　이렇게 본다면, 邊은 시신의 해골만 분리해 구석진 곳으로 옮긴다(辵)는 뜻에서 '가'의 뜻이, 다시 '변두리'의 의미가 나왔다. 이는 고대 사회에서의 순장제도를 반영한 것으로 보인다. 즉 왕족이나 귀족층에 속하는 주인이 죽으면 저승 세상에서도 주인을 지키고 모실 수 있도록 이승에 살던 종이나 노예를 함께 묻도록 하던 습속이다. 주인의 시신이 묻히는 현실을 주위로 사방에 감실 같은 홈을 파고 종의 시신을 옮겨와 함께 묻었다, 어떤 경우에는 머리만 따로 떼 내 코를 위로 가기 차곡차곡 포개 놓기도 했는데, 이를 '촉루붕'이라 했던 것이다.

　　이처럼 邊에는 살아서는 물론 죽어서까지도 주인을 지키고 모셔야 하는 종과 노예의 희생이 담긴 슬픈 글자이다. 변방(邊方)과 주변(周邊)이 갖는 문화적 의미이기도 하다.

　　한국 속자에서는 소리부인 臱을 刀(칼 도)로 간단하게 줄인 辺(가변)으로 쓰며, 현대중국의 간화자에서는 臱을 力(힘 력)으로 간단하게 줄여 边으로 쓴다. 필획도 줄었지만 변(邊)에 들었던 슬픈 정보도 상당 부분 삭제된 셈이다.

두루 주　周　[週], zhōu

甲骨文

金文

古陶文　簡牘文　古璽文　石刻古文

說文小篆　說文古文

周의 어원은 아직 정확하게 밝혀지지 않은 상태라 의견이 분분하다. 어떤 이는 砂金(사금)을 채취하는 뜰채를 그렸다고 하며, 어떤 이는 물체에 稠密(조밀)하게 조각을 해 놓은 모습이라고도 한다.

하지만 稠(빽빽할 조)나 凋(시들 주) 등과의 관계를 고려해 볼 때 이는 밭(田·전)에다 곡식을 빼곡히 심어 놓은 모습을 그린 것으로 보인다. 稠는 빼곡히 심어 놓은(周) 것이 바로 곡식(禾)임을 말했고, 凋는 빼곡히 심어 놓은 농작물(周)이 차가운 이슬(冫)을 맞아 '시드는' 모습을 그렸기 때문이다.

또 나라 이름으로 쓰인 周는 개국시조가 후직(后稷, 곡식의 신)임에서 볼 수 있듯, 본격적으로 농경에 진입한 나라였으며, 빼곡히 자라나는 풍성한 농작물의 모습으로 자신의 나라를 불렀던 이름임을 수 있다.

그래서 周는 곡식을 밭에 빼곡히 심어 놓은 것처럼 '稠密하다'가 원래 뜻으로 추정된다. 이후 나라 이름으로 쓰이게 되자 원래 뜻을 나타낼 때에는 禾(벼 화)를 더한 稠로 분화함으로써 그것이 곡식(禾)임을 구체화했다. 곡식을 심는 곳은 도성의 중심에서 벗어난 주변이므로 '주위'라는 뜻도 갖게 되었다. 현대 중국에서는 週(돌 주)의 간화자로도 쓰인다.

생각해 볼 문제는 주변과 중심의 관계이다. 周와 邊(가 변)의 어원에서 보듯 상 주위로 빽빽하게 심은 곡식(周)은 성안의 지배자와 귀족을 비롯한 구성원을 위한 곡식으로 생명을 이어갈 목숨 줄이고, 순장까지 당하며 죽어 묻히는 주인을 저승세계에서도 지키겠다는 하인과 노예의 지극한 희생이다. 중심을 사는 사람들은 이러한 주변의 희생을 바탕으로 생존하고 발전한다. 주변이 담보되지 않으면 중심은 성장할 수도 존재할 수도 없다. 중심과 주변이 공존해야 지속적 발전이 가능한 이유이다.

미(美): 권력의 테크놀로지에서 벗어나게 해주는 해방의 감성

부·권력·계층 상관없이 누구에게나 열린 존재

원시적 아름다움 미(美), 문학적 아름다움 시(詩), 기술적 아름다움 예(藝)
세속적 이해관계 벗어나 세상 변화시키는 능력의 발아(發芽)이기도

▎아름다울 미(美)는 양(羊)과 대(大)로 이뤄진 글자다. 살찌고 큰(大) 양(羊)이
유용했기 때문이라는 해석도 있고, 원시축제에서 양가죽을 덮어쓰고 아름답게
치장해 춤추는 모습이라는 해석도 있다. 대관령 양떼목장에서 어린이들이 즐
겁게 뛰놀고 있다.(사진: 월간중앙)

1. '아름다움'이란?

정원에서 갓 피기 시작한 수국.

꽃이 폈다. 이름 모를 야생화가 정원의 한 구석을 수북하게 덮었고, 또 한쪽에서 수국이 드디어 꽃봉오리를 터트리기 시작했다. 장미는 한창이더니 선 붉은 꽃잎을 무수히 낙하시키고도 왕성한 생명력을 보여준다. 그전에는 모란과 작약이 화려한 자태를 뽐냈고, 철쭉과 영산홍, 동백, 개나리, 튤립, 수선화, 매화, 목련도 폈었다. 이제 튤립과 수선화가 진 자리에서는 백합이 한창이고, 조금 있으면 치자와 라일락꽃이 짙은 향기를 발할 것이다. 모두 지난여름, 바닷가 한 모퉁이 작은 주택으로 이사하고 누리게 된 호사다.

꽃을 두고 아름답지 않다고 할 이가 있겠는가? 이름 없는 풀이라고 해도, 도로 사이로, 시멘트 틈 사이로 자신의 가장 화려한 모습으로 그 존재를 드러내는 순간, 그것은 잡초이기를 멈추고 우리의 눈을 사로잡는 꽃이 된다.

아름다움은 이렇게 부나 권력, 계층에 상관없이 누구에게나 열려있다. 전통적으로 지식인이나 기득권층에서 예술을 더 많이 향유하고 더 많이 소유해 온 것은 사실이지만, '유희하는 인간'이라는 의미의 '호모 루덴스(homo ludens)', '미를 즐기는 인간'이란 뜻의 '호모 에스테티쿠스(homo aestheticus)'처럼 '아름다움'은 특정 계층의 전유물은 아니다.

그러나 누구나 향유할 수 있는 미(美)가 무엇인지 묻는다면 이는 그렇게 간단하지도 않을뿐더러 쉽지도 않다. 미에 관한 학문인 미학에서도 미에 대한 정의는 시대에 따라 다르고, 이론가에 따라, 때로는 느끼는 사람에 따라 달라진다. 게다가 사람들은 왜 아름다운지를 모르면서 아름다움을 숭배한다고 해도 과언은 아니다. 서양에서 말하는 '미학(aesthetics)'의 어원인 '아이스테시스(aisthesis)'는 '이성과는 다른 감각적인(sensible) 것'을 말하지만, 미학에 대한 정의는 대부분 '감각적인 것만을 지칭하는 것이 아니라 경험적 감각을 넘어서는 형이상학적인 관념이나 경험적 감각 아래에 깊숙이 깔려있는 오래된 무의식까지 포함'하기 때문이다.

이렇듯 진화과정에서 축적된 우리의 의식 깊숙이 자리하는 느낌까지 담아내는 미를 정의하기는 너무나 어렵다. 그러나 정의하기 어렵다고 해서 그 미적 표현이 진(眞)이나 선(善)에 비해서 그 가치가 떨어지는 것은 아니다. 오히려 미는 감각 혁명을 통해서, 별 것 아닌 것의 반란을, 없느니만 못한 것으로 취급되었던 것이 지배적 인식의 지형을 뚫고 나와 인간의 인식 지도를 변경시키기도 하기 때문이다.

그러므로 이번 호에서는 한자의 어원을 추적해봄으로써, 동양의 고대 사회에서는 '아름다움'을 어떻게 구현했는지, '미' 인식이 어떻게 변화되어왔는지를 살피고자 한다.

2. 농경사회의 생명을 위한 찬사, 꽃

꽃의 사전적 의미가 '종자식물의 번식기관'이듯, 꽃은 새로운 생명을 탄생시키기 위해 자신이 가진 모든 능력을 다하여 가장 아름다운 모습을 피워내면서, 나비와 벌을 유혹하여 수정하여 새로운 생명을 탄생시킨다.

그래서 역사적으로 꽃과 꽃꼭지가 숭배의 대상인 시대도 있었다. 꽃이 단순히 아름다움에 대한 찬양만이 아니라, 숭배의 대상이자, 지상 최고의 인간에 대한 숭배와 결합된 것은 정착농경사회에서 생존의 관건이었던 '곡식'과 '씨'에 대한 숭배와 결합하면서다. 한자에서 꽃이나 꽃꼭지를 뜻하는 화(華), 영(英), 제(帝) 등이 최고의 개념을 가지는 것도 이와 무관하지 않다.

중화(中華)나 화하(華夏)에서처럼 지금은 '꽃' 보다는 중국인들이 자신을 지칭하는 말로 더 많이 쓰이지만, 오른쪽 금문의 예시에서 보듯이 화(華)는 화사(華奢)하게 핀 꽃이 흐드러진 모습을 그렸으며, 이로부터 '꽃'이라는 의미가 나왔다. 강소(江蘇)성의 한 신석기 유적지에서 발견된 암각화를 보면 사람 얼굴을 한 꽃을 피운 그림이 등장하는데, 이는 꽃이 그들의 조상이라는 꽃 토템을 극명하게 형상화한 것이다.

▎금문의 화(華)

또한, 씨방이 부푼 모습을 그린 帝(蒂의 본래 글자)가 지고지상의 천제(天帝)는 물론 황제(皇帝)를 지칭하게 된 것이나, 英(꽃부리 영)이 영웅(英雄)에서처럼 최고의 인간을 뜻하게 된 것도 이 때문이다. 화(花)는 화(華)가 일반적인 '꽃'에서 중국인들의 숭배 대상이 되어 자신들을 지칭하는 개념으로 변하자 일반적인 꽃을 지칭할 목적으로 다시 만들어진 글자이다. 따라서 화(華), 영(英), 제(帝) 등에서 볼 수 있듯 꽃은 농경사회에서 발아한 미의 개념이라고 할 수 있을 것이다.

그러나 꽃은 동서양을 막론하고 아름다움의 원천으로 간주되지만, 꽃은 쉬이 시들고 계절에 따라 모습을 달리하며, 그 종류도 너무 다양하기 때문에, 미 일반을 아우르는 개념으로 발전하지는 못했다. 모란, 매화 등 특정 꽃에 대한 언급은 많지만, 아름다움의 표상으로서 꽃 일반이 존재하지 않는이유일 것이다.

다른 한편으로, 우리는 모든 꽃을 그 종류에 상관없이 선호하지는 않는다. 미적인 것은 외양의 아름다움 그 자체만이 아니라, 대상에 대한 인간의가치 판단이 무의식적으로 작용하기 때문이다. 어떤 꽃은 독성이 있어서, 어떤 꽃은 알레르기를 일으켜서 외면당하기도 하고, 또 어떤 꽃은 그 자태가화려하지 않아서 주목을 받지 못하기도 한다.

또 시대에 따라 특별히 사랑받는 꽃도 있었다. 예컨대, 중국 진(晉)나라때는 국화를 선호했고, 당나라에는 모란이, 송나라 때는 연꽃이 선호되었다. 국화는 서리가 내려도 절개를 잃지 않는다는 이유에서, 모란은 그 화려한자태 때문에, 그리고 불교가 숭상되면서, 연꽃이 꽃 중의 꽃이 되었다. 연꽃은 진흙에서 자라났으나 순결하기 그지없는 하얀 꽃을 피우며, 물결이 아무리 유혹을 해도 흔들리지 않으며, 굴곡지지도 않고 잔가지도 없이 꼿꼿하게서 있고, 은은한 향기는 멀수록 더한다는 이유에서이다. 이렇게 특정 꽃에대한 선호는 꽃에 대한 판단과 그 시대의 특정 이념이 녹아있다.

그래서 우리가 미를 구분할 때는 아름다움 일반을 지칭하는 단어로서, 원시의 문화를 고스란히 담고 있는 글자인 미(美), 그리고 문학적 아름다움을 논할 때는 시(詩)가, 그리고 기술적 아름다움을 논할 때는 예(藝)가 사용된다고 볼 수 있다.

미(美): 원시적 아름다움	시(詩): 문학적 아름다움	예(藝): 기술적 아름다움

3. 미(美)와 양(羊)

▎수국 축제를 찾은 시민들이 휴대폰 카메라 앞에서 저마다 포즈를 취하고 있다.(사진: 월간중앙)

동서양을 막론하고 인간과 독립해서 존재하는 순수한 '미'를 말하기는 어렵다. 원시시대의 예술이나 한자 미(美)의 어원을 살폈을 때, 아름다움에 대한 지각은 유용성에 입각한 인간의 생존과 안녕의 추구와 무관하지는 않지만, 그것이 단순히 경험적이고 현상적 차원의 지각에 한정되는 것은 아니다. 오늘날과 같이 과학과 문명이 발달하지 않은 원시 공동체에서 인간의 힘을 넘어서는, 보이지 않는 신적인 힘에 대한 숭배도 미의식의 형성에 기여했을 것이라고 추측할 수 있다.

아름다움을 대표하는 한자인 미(美)는 양(羊)과 대(大)로 이루어졌다. 그런데 아름다움과 양이 무슨 상관이 있을까? 예술의 지향점인 미(美)에도, 도덕의 지향점인 선(善)에도, 윤리의 지향점인 의(義)에도, 효도의 상징인 양(養)에도, 상서로움을 대표하는 길상(吉祥)에도 양(羊)이 그 구성요소로 들어 있다.

양은 인간이 가축화한 6대 가축 중에서도 가장 앞자리에 자리하여, 인간의 손에 가장 먼저 길들여져 인간을 위해 바쳐진 동물이었다. 원시 수렵 시절, 양은 맛좋은 고기에 훌륭한 단백질의 공급원이었을 뿐 아니라 인간이 추위를 이기고 동물과 구별되게 하는 '옷'까지 제공하는 더없이 유용한 동물이었고, 게다가 이들은 다른 동물들과 비교도 할 수 없이 순하고, 군집(群集)생활을 하여 인간에게는 더할 나위 없이 훌륭한 존재였다.

당장 내일의 생존조차 담보하지 못하던 원시수렵시절, 이러한 양은 인간에게 대단히 유용한 동물이었다. 이 때문에 황하 이북 지역을 살았던 하(夏), 상(商), 주(周) 등 고대 중국문명에서 양(羊)이 차지하는 비중은 대단했다. 본격적인 농경시대에 진입한 주(周) 이전까지는 더욱 그랬다. 그래서 수렵을 거쳐 목축과 원시적인 정착 농경을 위주로 하던 상(商)나라 때의 갑골문에는 양(羊)이 매우 다양한 모습으로, 여러 가지 상징으로 등장한다.

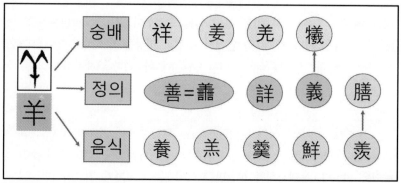

ㅣ 양(羊)으로 구성된 한자들. 고대 중국에서는 산양(goat)과 면양(sheep)을 구분하지 않고 그냥 양으로 통칭했다. 그러나 갑골문의 자형에 근거할 때, 양(羊)은 면양보다는 산양에 가깝다.

(1) 첫째, 토템으로서의 양이다. 초기 중국인들의 삶에 더없이 중요했던 양, 그들은 양을 숭배 대상으로 삼았다. 그래서 양에 제단을 뜻하는 시(示)가 더해진 것이 '상서롭고' '복'을 뜻하는 상(祥)이다. 또 강(羌)이나 강(姜)은 부족명인데, 양(羊)에 '사람'을 뜻하는 인(儿=人)과 여(女)가 더해졌다. 여(女)는 모계사회를 반영했기에 초기 단계의 한자에서 사람을 대표하는 글자로 많이 등장한다. 여하튼 강(羌)이나 강(姜)은 갑골문에서도 상나라를 위협하는 서북쪽의 강력한 민족으로 등장하는데, 양을 토템으로 삼았던 민족으로 보인다. 지금도 중국의 서부 사천성 등에 거주하는 소수민족의 이름이기도 하다.

(2) 둘째, 정의로운 신으로서의 양이다. 양이 토템으로 숭배되었기에 양은 분쟁을 해결해 주고, 정의의 심판을 내려줄 수 있는 동물로 인식되었다. 이를 반영한 글자가 선(善)과 상(詳)과 의(義) 등이다. 선(善)은 원래 선(譱)으로 써서, 양(羊)과 경(誩)으로 구성되었는데, 언(言)이 둘 결합하여 만들어진 경(誩)은 말의 분쟁과 다툼을 뜻한다. 그래서 선(譱)은 다툼이나 분쟁이 일어나(誩) 해결되지 않을 때 옳고 그름을 판단할 수 있는 신성을 지닌 양(羊)에게 의지했던 고대 습속을 반영한다. 고대 중국에서 양은 정의의 신으로 등장하며, 정의의 양은 보통 '뿔을 하나 가진 양(一角羊)'으로 등장하는

데, 우리가 말하는 해태 즉 해치라는 동물이다. 법(法)의 옛날 글자인 법(灋)에는 해태를 뜻하는 치(廌)가 들어 이를 반영했다. 또 상세하다는 뜻의 상(詳)도 신격을 지닌 해태(羊) 앞에서 구체적 진상을 상세하게 언급하다(言)는 뜻을 담았다. 정의의 의(義) 역시 양(羊)에 아(我)가 더해져서 정의롭다는 뜻을 지닌다.

(3) 셋째, 음식으로서의 양이다. 양은 고기 중에서 최고의 고기로 잘 알려져 있다. 양(養)은 글자 그대로 양(羊)과 식(食)의 결합으로, 양이 주된 식량임을 말한다. 농경사회를 살았던 우리에게는 소고기가 최고이지만 유목민들에게는 양이 최고이다. 오늘날 우리 사회에서도 양고기가 유행하여 빠르게 자리 잡아 가고 있다. 羔(새끼 양 고)는 양(羊)과 화(灬=火)로 이루어져 양을 불에 굽는 모습인데, '어린 양'이 주된 대상이었기 때문이다. 여기에 미(美)가 더해진 글자가 '국'을 뜻하는 갱(羹)이다. 양고기로 끓인 스프가 최고의 맛난 음식으로 인식되었기 때문이다.

▌경기도 양평군 팔당호 주변 연꽃·수생식물 정원인 세미원에서 시민들이 산책을 즐기고 있다.(사진: 월간중앙)

선(羨)은 선망(羨望)에서처럼 부러워하다는 뜻인데, 양고기를 보면서 침을 흘리는 모습(次)을 담았다. 또 膳(반찬 선)에도 양(羊)이 들었는데, 양이 중요한 요리 대상이었음을 말해 준다. 귀한 고기는 귀한 이에 대한 대접이자 선물의 대상이 되었을 것이고, 이 때문에 선물(膳物)이라는 뜻까지 담겼다.

육고기는 부패하기 쉬워 생선처럼 언제나 신선함을 생명으로 삼는다. 냉장 시설이 발달하지 않은 고대 사회에서는 더욱 그랬을 것이다. 이 때문에 양(羊)과 어(魚)가 결합한 선(鮮)은 신선과 선명함, 그리고 깨끗함의 상징이 되었다. 우리나라의 옛 이름 조선(朝鮮)은 이런 뜻을 반영하였다. '해가 떠오르는 아침(朝)처럼 선명하고 아름답다(鮮)'는 뜻이다.

4. 원시시대의 미(美): 유용성과 더 나은 삶을 위한 주술적 축제가 어우르질 때

그렇다면, 양(羊)과 대(大)로 이루어진 미(美)는 어떤 의미를 담고 있을까? 이에 대해 사람들은 두 가지 해석을 제공한다. 첫째는 살찌고 큰(大) 양(羊)이 유용했기 때문이라는 유용성에 근거한 해석이요, 둘째는 원시축제에서 볼 수 있듯 양가죽을 덮어쓰고 아름답게 치장하여 춤추는 모습에서 '아름다움'이 나왔다는 해석이 있다.

갑골문과 금문의 형체에 비추어볼 때, 양(羊)은 산양의 모습으로 뿔을 강조하여 그렸다. 좀 더 원시적 의미에서 대(大)는 크다는 뜻 외에 앞을 보고 팔을 벌리고 서 있는 사람의 모습을 의미한다. 따라서 어원적으로 양의 가죽을 쓰고 양의 뿔로 장식한 건장한 사냥꾼 혹은 투사의 모습이 아름답다고 보았을 수도 있고, 양가죽을 쓰고서 춤을 추는 모습을 원시 사회의 풍습과 연결시키면 사냥의 성공을 비는 주술행위를 아름답다고 여겼을 수 있을 것이다.

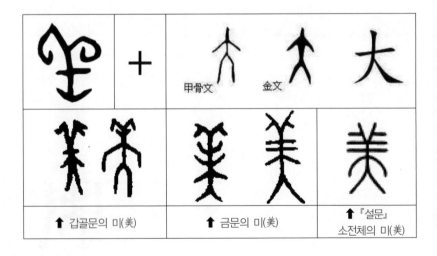

| ↑ 갑골문의 미(美) | ↑ 금문의 미(美) | ↑『설문』 소전체의 미(美) |

고대 중국에서 양이 지니는 의미를 감안할 때, 두 번째 해석이 첫 번째 해석보다 근원적 어원에 가깝다. 그러나 두 해석이 배치된다고는 할 수 없다. 당시의 사회에서 양고기와 양의 젖은 식량으로 쓰였고, 가죽과 털은 옷으로 쓰였으니, 아름다움의 근원이 유용성에 있다고 할 것이요, 양가죽을 쓰고 양 뿔로 장식한 사람은 아마도 부족에서 족장과 같은 중요한 인물이 주도하는 축제가 아름다움과 연결되었기 때문이다. 또한, 족장과 같은 중요한 인물이 가진 힘이 아름답다고 여겨졌을 수도 있기 때문이다. 그러므로 원시시대의 주술이나 축제가 더 나은 삶에 대한 갈망과 무관하지 않기 때문에 유용한 것, 선한 것, 신성한 것이 다 같이 아름다운 것으로 간주되었을 것이며, 인간에게 해로운 것은 추한 것으로 간주되었다고 볼 수 있다.

그러나 미(美)에 대한 해석도 시대에 따라 달라졌다. 최초의 어원사전 『설문해자』에서는 미(美)를 두고 감(甘)이라고 풀이했다. 감(甘)은 달다는 뜻인데, 이 시대에 이르면 '양가죽을 덮어쓴 사람', 혹은 '큰 양'의 실용적 의미의 '아름다움'이 맛이라는 미각으로 옮겨 갔다. 즉 원시수렵시대 자신들의 생존을 담보해 줄 수 있었던 영웅을 반영한 미(美)가 농경사회의 정착과 발달을 거치면서 풍족한 식량혁명을 이루었기에, 더 이상 생존을 위한 식량의 양이 아니라 '맛'이라는 음식의 질이 향유의 대상으로 바뀌어 가고 있음을 알 수 있다. 그들에게 무엇보다 중요한 '아름다움'의 대상은 당시 사회에서 누릴 수 있는 맛난 음식이었던 것이다. 지금도 식욕은 인간의 가장 원시적 욕망의 하나이다. 그러나 음식이 생존을 위한 대상에서 벗어나 난 지금, 생존을 위한 '빵'이 아름다움이 될 수 없는 것과 마찬가지이다.

5. 미는 시대에 따라 변화하는가?

움베르토 에코(Umberto Eco, 1932~2016). 이탈리아의 세계적인 기호학자로 『미의 역사』를 썼다.(사진: 월간중앙)

움베르토 에코의 말처럼, '아름다움'의 관점은 시대에 따라 변한다. 그래서 시대에 따라 아름다움의 정의도 달랐고, 접근도 달랐다. 그리스 때에는 살아있는 신체를 통해 이상적인 미를 찾았고 영혼과 육체가 조화를 이룬 그것을 조각품으로 체현했다. 그러다가 소크라테스와 플라톤 시대에 이르면 부분의 조립을 통해 자연을 표현하는 '이상적 미', 시선을 통해 영혼을 표현하는 '정신적 미', 실용성을 지닌 '유용한 미', 각 부분들의 '조화와 비례로서의 미', 어디서든 빛날 수 있는 '광휘로서의 미' 등 다양한 개념과 정의가 등장한다.

또 니체는 질서와 척도로 이해될 수 있는 평온한 조화를 뜻하는 '아폴론적 미'와 현상을 넘어선 혼란스럽고 유쾌한 '디오니소스적인 미'를 등장시켰다. 그리고 산업 혁명 이후 20세기 초반 속력을 찬미한 미래주의 시기에는 효율성의 상징인 기계가 아름답고 매력적인 존재로 변했고, 기계의 결정체라 할 자동차가 모든 아름다움의 대표로 자리 잡았다. 4차 산업혁명이 시작된 지금은 초연결성을 구현해 주는 '스마트함'이 모든 아름다움의 척도가 되었다. 그리고 어쩌면 미래사회에서 인공지능(AI)이 이 모든 것의 정점에 놓일지 모른다. 적어도 인간을 위협하지 않고 인간의 행복을 위해 노력하는 종복으로서의 본분을 잃지 않는다면 말이다.

중국도 마찬가지였다. 요염함을 뜻하는 염(艶)은 풍(豊=豐)과 색(色)으로 구성되었다. 생산과 다산이 미덕이었던 농경사회에서는 풍만한 여성이 '아름다움'의 상징이 되었기 때문이다. 이에 반해 날씬함을 뜻하는 瘦(파리할 수)는 병(疒)의 일종으로 인식되었다. 당나라 미인 양귀비도 우리의 상상과는 달리 키도 크지 않고 날씬하지 않은 통통한 여인 그 자체로 그려진 것도 바로 이 때문이다.

그렇다면, 정말 '미'가 시대에 따라서 변화하기 때문에 혼란스러운 것이며, 그래서 믿을 수 없는 것인가? 문명이 발달하면서, 유용성이나 주술과 같은 생존을 척도로 삼기보다는 아름다움은 좀 더 고차원적인 관념의 담고 있어야 한다고 생각했다. 피타고라스학파는 미가 "물질적인 대상의 형식 구조 속에 표현되는 자연의 객관적인 법칙"이라고 주장했고, 플라톤이나 헤겔의 경우는 미를 이데아의 현현이나 절대적 이념이 현상적으로 표현된 것이라고 보았다.

미(美)보다는 좀 더 문명이 발달한 시대에 예술의 정신은 시(詩)로 표현된다. 『시경』에 의하면 뜻이 나아가는 바가 바로 시(詩)인데, 뜻이 마음(心)에 머물게 되면 지(志)가 되고 뜻을 읊어 표현하면 시(詩)가 된다. 시(詩)는 원래 언(言)과 지(之)로 구성되어 말(言)의 나아감(之), 즉 말로 이루어지는 예술을 의미했으나, 이후 그 구성이 언(言)과 시(寺)로 변하면서 말(言)을 법도에 따라서 관리하게 되면(寺) 시(詩)가 된다고 보았다. 따라서 시(詩)의 아름다움은 한편에선 자연의 법칙을 구현한 것에 있으며, 다른 한편에서는 뜻(진리)이 표현된 말은 아름답다는 뜻이 되었다.

한편, 서양의 'art'가 무엇인가를 만드는 기술이라는 뜻이듯이, 동양에서는 예(藝)가 이에 해당한다. 그러나 예(藝)의 어원은 '나무를 심다'는 뜻으로 농경사회의 생존환경을 반영했지만, 나무는 다 자란 나무가 아니라 묘목(屮·철)을 쥐고 있는 모습을 형상하여 예술이 오래되고 화석화된 관습의 반복이 아니라는 것을 명확하게 했다.

미를 "감성에 의해 인식되는 최고의 것"으로 정의하여, 미가 학문으로서의 위상을 얻게 하는데 크게 공헌한 바움가르텐(Alexander G. Baumgarten, 17141762)조차도 미가 변화하는 감성에 의거한 것이기에 명확한 지식과는 반대로, 혼란스러운 지성이라고 설명했다.

그러나 필자가 생각하기에, 미적 판단은 혼란스러운 지성이 아니라, 기존의 지식을 혼란에 빠트릴 수 있는 잠재 능력의 발현이 아닐까? 우리는 꽃이 아름다워서 보는 것이지, 꽃이 주는 유용성 때문에 꽃을 아름답다고 여기지만은 않는다. 꽃이 반드시 인간에게 식량을 제공해주고, 때로 미세먼지를 제거하고, 공기를 정화해주기 때문에, 반드시 그 이유로, 우리가 꽃을 아름답다고 여기는 것만은 아니다. 길가의 들꽃 때문에, 우리가 순간, 가던 길을 멈추고, 그 아름다움에 빠지는 것은, 자본주의 사회에서 자본이나 돈과 연결된 수많은 욕망과 이해관계를 벗어나, 돈과 자본에 종속되어있는 우리의 감각을 해방시켜주는 순간이기 때문이 아닐까?

그래서 칸트는 미를 "지식 대상이나 욕망 대상에 연결된 감각 형식에서 해방된 무관심한 판단"이라고 말했다. 바로 이러한 세속적 이해관계에서 벗어나 사물을 보고 느끼는 능력에서 세계를 변화시키고 창조하는 능력이 발아하는 것은 아닐까? 노자가 2천 5백 년 전에 "세상 온갖 사람들이 아름답다고 생각하는 아름다움은 사실 아름다움이 아니다. 세상 온갖 사람들이 아름답지 않다고 생각하는 추함은 사실 추함이 아니다."라고 말했듯이, 인간의 미감은 우리를 길들이는 온갖 권력의 테크놀로지에서 벗어나게 해주는 해방의 씨앗을 담지하고 있다.

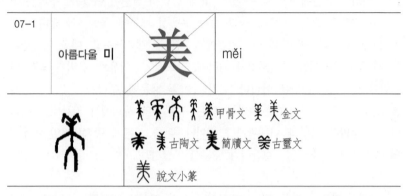

07-1		
아름다울 **미**	美	měi

무엇을 '아름다움'이라 할까? 한자에서는 羊(양 양)과 大(큰 대)로 구성된 美로 이를 그려냈다.

이에 대해서는 양(羊)의 가죽을 덮어쓴 사람(大)의 모습에서 양(羊)을 잡을 재주를 가진 '뛰어난' 사람(人)을 그렸고 이로부터 훌륭하다, 좋다는 뜻이 나왔다는 풀이도 있고, 큰(大) 양(羊)이 유용하며 유용한 것이 '아름다움'의 출발이라 해석하기도 한다.

전자는 눈이 보이는 아름다움으로 유심적 미를 강조하였고, 후자는 인간의 삶에 도움을 주는 아름다움으로 실용적 유물적 미를 강조하여, 둘이 대립하는 해설 같이 보인다. 하지만 사실은 그렇지 않다. 고대 사회에서 축제나 제의 등에서 양가죽을 덮어쓴 사람은 양을 잡아온 사람일 것이고, 양을 잡을 수 있는 사람은 무리 중 뛰어난 사람이자 능력 있는 사람이었을 것이며, 그런 사람이 '아름답게' 보이는 것은 당연할 것이기 때문이다. 그렇다면 인간의 삶에, 구성원의 생활에 도움을 주는 존재라는 점에서 후자와 다르지 않기 때문이다.

여하튼 이로부터 美에는 아름답다, 선하다, 훌륭하다, 찬미하다, 좋게 여기다 등의 뜻이 나왔다. 또 아메리카 대륙(美洲미주)을 지칭하며, 이로부터 미국(美國)을 지칭하게 되었는데, 우리와 중국과는 달리 일본에서는 미국(米國)이라 쓰는 것이 특이하다.

07-2		
양 **양**	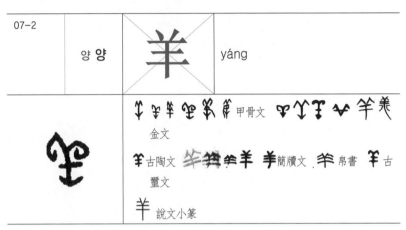	yáng

羊자를 보면, 윗부분은 양의 굽은 뿔과 몸통과 꼬리를 그렸다. 양은 가축화된 이후 온순한 성질, 뛰어난 고기 맛, 그리고 유용한 털 때문에, 고대 중국인들에게는 단순한 가축을 넘어서 다양한 상징을 가진다.

먼저, 맛있는 고기의 상징이었다. 어린 양이 구이에 적합하다는 의미를 담은 羔(새끼 양 고), 이런 양을 고아 만든 맛있는 수프라는 의미를 담은 羹(국 갱), 맛있는 양고기를 다친다는 의미를 담은 羞(바칠 수), 맛난 양고기를 먹이며 양육하는 養(기를 양) 등을 비롯해 그런 양을 신에게 바친다는 의미를 담은 희생양(犧牲羊) 등이 그렇다.

둘째, 군집 생활의 상징인데, 群(무리 군)이 대표적이다.

셋째, 정의로운 동물의 상징이자 상스러움과 아름다움의 대표였다. 祥(상서로울 상)과 善(착할 선)과 美(아름다울 미)와 義(옳을 의) 등이 그렇다.

군집생활을 하며 온순한 성질을 가진 양의 고기와 털과 가죽과 뼈 등 모든 것이 인간의 생존에 필요하고 유용한 것이었으며, 고기 맛도 뛰어난 것으로 정평이 나있다. 이 때문에 양은 일찍부터 인간에게 많은 도움을 주는 유용한 가축이었고 토템으로, 아름다움의 대표로, 정의의 상징으로 기능했다. 이로 인해 양은 숭배의 대상이었으며, 신을 위해 바치는 대표적 희생물의 하나였다.

08

선(善): 정의를 실현할 수 있는 우리 안의 역능

본성은 운명에서 나오고 운명은 하늘이 내려준다

나보다 남을 먼저 생각했던 동양적 가치의 급속한 해체
견리망의(見利忘義) 횡행하는 시대에 되새겨야 할 인간 본성

맹자는 인간의 본성을 착하다고 봤다. 어린아이가 위험헤 처하면 누구나 달려가 구하듯이 인간의 본성에는 善(착할 선)이 내재돼 있다는 것이다.(사진: 월간중앙)

얼마 전 대단히 충격적인 소식을 접했다. 중국의 한 도시에서 19살 여고생이 고층빌딩에 올라 투신자살을 시도했는데, 이를 보려고 몰려든 군중들이 말리기는커녕 어서 뛰어내리라고 부추기거나 겁을 먹어 못 뛰어내린다는 식의 야유를 보냈다고 한다. 그때까지만 해도 구조대원의 손을 아슬아슬하게 부여잡고 있던 여고생은 끝내 손을 뿌리치고 뛰어내렸고, 이를 본 시민들은 환호성을 지르며 박수까지 쳤다는 것이다.

믿기지도 않고, 믿고도 싶지 않은, 가히 엽기적인 사건이 아닐 수 없다. 문제는 이런 일이 처음이 아니라는 것이다. 몇 년 전 겨우 5살짜리 여자애가 공중화장실에서 낯선 남자에게 성폭행을 당했지만 모두 남의 일처럼 구경만 해 충격을 줬으며, 또 2살짜리 아기가 차에 치여 쓰러졌는데도 아무도 도와주지 않아 사망한 일도 있었다. 길에서 사고를 당해도, 테러를 당해도, 나의 일이 아니라 그저 지켜보거나, 심지어 특이한 경험이라며 사진까지 찍는 게 현실이 되었다.

이 슬픈 소식이 남의 나라 일인가 했더니, 우리나라에서도 비슷한 일이 일어났다. 며칠 전 서울의 한 지하철역에서 여성 행인이 두통으로 쓰러졌는데, 주변 사람들은 그 옆을 무심코 지나치거나 핸드폰을 만지작거리며 지켜보기만 하거나 심지어 사진을 찍기도 했다고 한다. 물론 이 사건은 '미투 당할까봐' 스스로 자기방어벽을 만든 '펜스룰((Pence Rule)' 때문이라고도 하고, 이 보도 자체가 다소 과장된 것이라고도 한다. 그러나 어쨌든 남의 일을 자기 일처럼 여기고, 나 개인보다는 우리를 먼저 생각하던 동양의 전통적 가치는 급속도로 해체되어, 지독한 개인주의를 넘어서, 인간의 본성을 근본적으로 회의하게 한다. 일전에는 인공지능(AI)에 부정적인 학습을 집중시켰더니, 모든 사고가 부정적으로 변했고, 인간에게도 매우 적대적인 존재로 성장했다는 보도도 나왔다. 인간은 본성은 도대체 어떤 것인가?

1. 정말 인간은 '선(善)'한가?

전쟁이 일상이었던 시대, 마치 하루살이처럼 내년이나 다음 달은 물론 내일 하루조차 기약하기 어려웠다는 전국(戰國)시대, 증오와 잔혹한 살생, 그칠 줄 모르는 폭력과 형언할 수 없는 참상으로 얼룩진 그 혼란의 시대, 그 피폐한 환경에서도 인간의 본성이 그 자체로 선하다고 본 학자가 있다.

바로 맹자(孟子)이다. 그는 "아래로 흐르지 않는 물이 없듯, 선하지 않은 사람도 없다."라고 선언하였다. 아무 것도 모르는 어린 아이가 우물가에 가까이 다가가면, 그의 부모나 친척이 아니더라도 누구나 달려가 위험으로 드는 어린 아이를 구하듯이, 인간의 본성에는 善(착할 선)이 내재되어 있기 때문에, 선은 교육이나 경험에 의하지 않고도 행할 수 있는 것(良知良能·양지양능)이라고 주장했다. 그래서 이러한 그의 주장은 '성선설(性善說)'이라 불린다.

그러나 여기서 의문이 생겨난다. 인간의 타고난 본성이 선하고, 선하지 않은 사람이 없다면, 세상에는 왜 살인이나 폭행과 같은 범죄가 생기며, 범죄까지는 아니라 해도 타인의 고통을 외면하고 심지어 그것을 즐기는 사태가 벌어지는가?

맹자는 이 사태의 원인을 경제적인 것에서 가장 먼저 찾았다. 사람들의 삶이 경제적으로 안정되어 있지 못하다면, 먹고 살기에 급급하여 의(義)를 따르지 못해 본성을 잃어버릴 수 있다는 것이다(無恒産, 無恒心). 이렇게 보자면 맹자는 철저한 유물론자이며, 오늘날의 의미로 풀자면 경제에 기반한 유가 사상가다. 사회의 질서가 세워지려면 먼저 생존의 문제에 급급하지 않도록 탄탄한 경제적 기반이 마련되어야 한다고 보았기 때문이다.

성선설을 주장한 맹자(孟子, 기원전 372년?~기원전 289년)

다른 한편에서 맹자는 선한 본성을 지닌 인간을 단순히 경제적 동물로 한정하지 않았다. 배불리 먹고 따뜻하게 입으며, 경제적 기반이 탄탄한 사람들이 사람의 도리를 다하지 않는다면, 그것은 금수와 다를 바가 없다고 주장함으로써, 사리사욕만을 추구하는 그 시대 지도층 인사를 비판하고 공격했다. 그에게 선함의 추구가 바로 인간을 인간으로 만드는 가치였던 것이다.

그러나 선함은 인간을 짐승과 다른 존재로 규정하는 특성인 동시에 인간 본성 그 자체 속에 내재하지만 동시에 인간을 넘어선 신적인 가치를 지닌다. 그래서 맹자는 인간의 "본성은 운명에서 나오고, 운명은 하늘이 내려준다.(性自命出, 命自天降.)"라고 말함으로써 인간의 본성을 인간에게 내재적인 동시에 인간을 넘어선 신적인 것과 연결시켰고 인간의 존엄성을 확장시켰다.

그런데 본성이라는 것이 외부의 경제적인 이유로 잃어버리거나 사라질 수도 있는 것이라면, 선(善)이란 씨앗의 형태로 인간 속에 내재해 있는 인간의 잠재성이나 잠재적 역능으로 보아야 하지 않을까? 잠재성이란 겉으로 발현될 수도 있지만, 발현되지 않을 수도 있는 능력이다. 잠재적 선(善)이 현실 세계 속에서 구체적 덕목으로 발현된 형태, 즉 선이 수행적이고 실천적 양태로 드러나는 것이 인(仁)과 의(義)라고 볼 수 있을 것이다.

　　이렇게 맹자는 선(善)을 정의하면서, 누구나(배가 고프고 경제적으로 불안정한 사람도 포함하여) 수련을 통한 끊임없는 자기 노력을 통해서 그가 가지고 있는 존엄한 본성을 발아시키고 꽃피울 수 있다고 주장했다.

　　『맹자』를 읽으며 놀랐던 점은 전쟁과 폭력이 난무하여 거리에는 시체가 널브러져 있고, 일반 백성들은 죽음을 피하기에 급급했던 시대, 군주가 군주답지 못하고, 특권층은 다투어 사리사욕을 취하던 그 어려웠던 난세에, 모든 인간에게는 선이 내재해있고, 그로부터 질서를 세우고 세상을 바로잡을 수 있는 역능을 식별해내고, 개인의 자발성과 주체성을 그가 확인했다는 점이다. 그의 이러한 주장은 21세기의 오늘날에도 여전히 설득력이 있고 유효해 보인다.

　　그렇다면 어원적으로 선(善)은 무엇이며, 갑골문 속에서 선(善)은 어떤 의미를 띠고 있는지, 그리고 그것이 맹자의 유가사상과 어떻게 접속하는 지 살펴보기로 하자.

2. ‘선(善)의 어원: 양의 눈

우리말에서는 보통 선(善)을 ‘착하다’는 뜻으로 풀이한다. ‘착하다’는 말은 "언행이나 마음씨가 곱고 바르며 상냥함"을 말한다. ‘착하다’는 말의 유의어로 부드럽다, 양순하다, 순하다, 순탄하다, 온순하다 등이, 반의어로는 악하다, 흉하다, 악랄하다 등이 순서지어 나타나고 있다(네이버 사전). 이로 볼 때 ‘착함’은 ‘부드럽고 순함’을 말한다 할 수 있다.

정말 선(善)이 ‘착하다’는 뜻일까? 먼저 어원부터 살펴보자. 선(善)은 갑골문시대 때부터 나타나는 중요한 글자이다. 갑골문에서는 🜚과 같이 써 양(羊)과 눈[目]으로 구성되었고, 금문부터는 선(譱)으로 써 양(羊)과 경(誩: 말다툼을 벌이다)으로 구성되었다. 이는 양(羊)의 신비한 능력이 말다툼(誩)의 시시비비를 판정해 준다는 고대 중국에 전해져 오던 신판법(神判法)의 전통을 반영했다.

갑골문에서는 이처럼 ‘양의 눈’으로 선(善)을 직접 표현했다. ‘양의 눈’을 내포한 선(善)은 바로 정의로움의 상징이다. 이후 인간사가 복잡해지고 다툼이 많아지자 송사의 판단을 내포한 선(譱)이라는 글자로 변화했고, 이후 자형이 줄어 지금의 선(善)이 되었다. 이런 과정을 거쳐 선(善)은 길상의 상징이 되었으며, 인간이 언제나 지켜야할 덕목, 즉 도덕의 지향점이 되었다. 게다가 유가철학의 핵심 개념의 하나로서 유가가 지배한 동양의 공통된 덕목이자 가치기준이 되었다.

善(착할 선)

갑골문. '양의 눈'을 그렸다.	금문. 양(羊)과 경(誩)으로 구성되어 말다툼을 판단해주는 '정의로움'을 상징했다.	전국(戰國) 문자. 경(誩)이 언(言)으로 줄었고, 때로는 음(音)으로 바뀌기도 했다.	『설문해자』의 소전체. 여전히 양(羊)과 경(誩)으로 구성되어 금문을 계승했으나, 언(言)으로 준 서체도 함께 실었다.

  선(善)에 등장하는 양(羊)은 알다시피, 일찍부터 고대 중국인들의 숭배 대상이 되었으며, 이 때문에 선(善)뿐만 아니라 상(祥: 성서롭다), 미(美: 아름답다), 의(義: 옳다) 등 중요하고도 좋은 개념을 나타내는 글자에 들어있다. 게다가 옳고 그름을 판단하고 옳지 않은 이를 징벌한다는 정의의 상징인 해치(獬豸: 해태)도 '뿔이 하나 달린 양(一角羊)', 즉 양의 한 종류로 표현될 정도였다. 이렇게 볼 때, 선(善)은 출발부터 양(羊)과 연계되었는데, 양이 신적인 정의의 상징이었기 때문이다. 물론 여기서 등장하는 양(羊)은 우리가 상상하는 온순하기 그지없는 면양은 아니다. 험준하고 척박한 산지를 마음껏 누리는 '산양'이 그 원형이다. 즉 인간에 의해 가축화되고 길들여지기 이전의 자연신, 혹은 토템의 대상으로서의 야생 양이다.

면양(sheep)

산양(goat)

양(羊)으로 구성된 의(義)를 보면 더 그렇다. 우리가 자주 쓰는 정의(正義)는 서로 대비되는 정(正)과 의(義)가 결합한 어휘이다. 정(正)은 정(征: 정벌하다)의 원래 글자로 성을 정벌하러 가는 모습을 그려, '정벌하다'가 원래 뜻인데, '정벌'과 같은 전쟁은 정의로운 것이어야 함에서 '옳다'는 뜻이 나왔다.

이에 비해 의(義)는 양(羊)과 아(我)로 구성되었는데, 아(我)가 의장용 창(혹은 도끼)을 상징하여, 정의로운 양의 장식이 달린, 실제로는 사용하지 못하는 의장용 '창'을 말한다. 그래서 정(正)이 외부의 적을 정벌하는 것이라면, 의(義)는 내 속에 있는 불의를 처단하는 것이며, 혹은 공동체 내부의 불의를 바로잡는 것을 말한다. 어쨌든 의(義)를 구성하는 양(羊)은 불의를 비판하고 정의를 세우는 것과 연결된다. 의(義)에서 파생된 희(犧=義+兮)도 그렇다. 자신이 속한 집단을 위해 마지막 숨을 내쉬며(兮) 완수하는 정의로운(義) '희생'을 뜻한다.

3. 맹자의 '선(善) 속에 내재된 양의 눈

이처럼 선(善)은 양(羊)의 눈(目)에서 출발했고, '양의 눈'은 범신론적 '신의 눈', 혹은 자연신으로서의 하늘(天)과 통한다. 신은 사사로움에 치우치지 않고 사적인 이해관계를 추구하지 않는다. 이러한 신성이 바로 선(善)이며, 이 선(善)이 맹자가 말하는 인간의 본성일 것이다.

그리고 선(善)의 대표적 실천 덕목으로서 맹자는 인(仁)과 의(義)를 꼽았는데, 인(仁)은 선(善)의 긍정적 발현 양태이며, 의(義)는 선(善)의 부정적 발현 양태로 볼 수 있다.

맹묘(孟廟). 맹자를 기리는 사당 아성전(亞聖殿)의 모습이다. 공자에 버금간다는 뜻에서 아성(亞聖)이라 불렸다. 산동성 제녕시(濟寧市) 추성(鄒城)에 있다. 원래는 북송 경우(景佑) 4년(1037)에 맹자의 무덤 옆에 지었으나, 수재로 선화(宣和) 3년(1121)에 이곳으로 옮겼다고 한다.

이 때문에 맹자는 '양'이 들어간 선(善)에다 사람과 사람의 관계를 나타내는 인(仁)을 결합하여 선(善)을 개념화했던 것이다. 다만 양(羊)이 들어간 대표적 글자 미(美)가 그의 사상에 포함되지 않았던 것은 아쉬운 점이다. 물론 선(善)과 관련해서 정의하자면, 미(美)는 현상적 아름다움(유용성) 뿐만 아니라 인간의 힘을 넘어서는 숭고미를 포함하는 인간 본성의 감각적 발현이라 볼 수 있다.

맹자가 선(善)의 실천 덕목으로 동원했던 인(仁)의 어원을 보면, 갑골문과 금문에서 각각 ⟨갑골문⟩이나 ⟨금문⟩과 같이 썼는데, 각각 선 사람(人)과 앉은 사람의 모습에다 어떤 부호로 보이는 =로 구성되었다. 여기서 =는 인인(人人)의 생략된 형태로, 인(仁)이란 바로 '사람(人)과 사람(人) 사이의 마음', 즉 사람이 사람을 대할 때의 마음을 바로 인(仁)이라 할 수 있다. 그리고 여기서의 '사람의 마음'이란 바로 다른 사람을 걱정하고 위하는 마음이다. 그래서 맹자도 인(仁)이란 남을 어여삐 여기는 측은지심(惻隱之心)이 바로 인(仁)의 확인점이라 했던 것이다. 이후 전국시대 때의 죽간에서는 ⟨죽간⟩과 같이 써 신(身)과 심(心)으로 구성되어 '사람이 몸소 실천해야 할 마음'임을 강조했다. 『설문해자』에서는 ⟨설문⟩로 써, 소리부인 신(身)이 천(千)으로 바뀌었으나, 지금은 다시 인(仁)으로 쓴다.

맹자가 설명하는 인(仁)은 사람과 사람 사이에서 생겨나는 마음으로, 이는 타인을 보고서 어여삐 보살피는 마음(心)인 측은지심(惻隱之心), 다른 사람의 상처와 고통을 차마 외면하지 못하는 불인지심(不忍之心)으로 구성된다. 앞서 말한 우물가의 아기를 보고 본능적으로 아이를 구하는 것은 측은지심에 해당한다. 이 둘은 선(善)의 긍정적 발현형태로, 보통 '옳고 그름'이 개입하기 이전에 발생하는 사건이라고 할 수 있다.

반면, 의(義)는 수오지심(羞惡之心)에 해당하는 것으로 선(善)의 부정적 발현인데, '부정'이란 비판과 금지를 포함한다는 말이다. 이는 해로운 행위에 대해 비판하고, 나 자신도 남을 해하지 않으려는 마음이다. 의(義)에 인(仁)에는 없는 '양의 눈'이 들어가 있는 것은, 불의를 비판하고 지양하고 제거하기 위해서는 옳고 그름에 대한 판단이 포함되어야 하기 때문이다.

그래서 인(仁)이 개인적 차원의 윤리라면, 옳고 그름에 대한 판단이 포함된 의(義)는 사회적 차원의 윤리라고 할 수 있다. 인(仁)이 개인적 차원의 선(善)으로 좋은 삶을 지향한다면, 의(義)는 공동체적인 공동선(the common good) 혹은 공공선(the public good)을 지향한다. 바로 이러한 이유에서 맹자의 사상은 공자의 사상보다 더 진보적이고 발전했다 할 것이다.

맹자는 인(仁)과 의(義)가 충돌할 때는 인(仁)이 더 근원적이라고 말했다. 그러나 "백성이 가장 귀중하고, 사직이 그 다음이며, 군주가 가장 가볍다."라는 주장이라든가, "잘못된 왕은 폐해야 한다."라는 등 그의 혁명적 정치론을 펼칠 때는 원래대로 옳고 그름을 판단하는 의(義)를 강조했기 때문에, 어느 쪽에 무게 중심이 더 있는지를 판단하기 어려운 것이 사실이다. 다만 갑골문 어원에 의거할 때는 '타인의 배려'를 말하는 인(仁)이 아니라, '옳고 그름을 판단하고 내부의 결속을 강화하는' 의(義)의 가치가 우선한다.

다만 어느 쪽이든, 선(善)이 양(羊)으로 이루어진 합성자이기에 선(善)을 '면양'처럼 착하고, 순하고, 순진하고 순종적인 개념으로 풀이하여 단순히 '착하다'라고 하는 것은 곤란하다.

성균관 대성전에서 진행되는 석전대제에서 학생들이 팔일무(八佾舞)를 추고 있다. 석전대제는 매년 봄과 가을 두 차례 공자·맹자 등 4성(聖)과 최치원·안향 등 동국(東國) 18현(賢) 등 중국과 우리나라 유교 성현에게 지내는 제례의식으로 중요무형문화재 85호다.(사진: 월간중앙)

4. 선(善)의 반대는 악(惡)인가?

선(善)의 반대가 악(惡)이라 하지만, 이 역시 논쟁의 여지가 있다. 악(惡)의 어원은 아직 완전하게 밝혀지진 않았지만 이 글자를 구성하는 아(亞)는 시신을 안치하는 무덤의 현실(玄室)을 지칭한 것으로 알려져 있다. 시신을 안치하는 곳이나 그런 일, 혹은 그것을 담당하던 관리를 지칭하던 아(亞)에 심(心)이 더해진 악(惡: 사실은 동사로 쓰였기 때문에 '오'로 읽어야 한다)에 싫어하다, 미워하다, 증오하다의 뜻이 들게 되었다. 이후 '악함'을 뜻하는 추상명사로도 쓰이게 되자, 동사나 형용사로 쓰일 때는 '오', 명사로 쓰일 때는 '악'으로 구분해 읽었다.

여하튼, 선(善)과 짝을 이루는 악(惡)도 처음부터 선(善)의 대칭 개념은 아니었으며, 선(善)이 '좋다'는 뜻으로 변질되면서 이의 대칭어로 악(惡)이 설정되었다.

옛날의 문헌 용례를 보면 이러한 어감이 더욱 두드러지게 나타난다. 예컨대, 『노자』에서 "세상 모든 사람들이 아름다움(美)을 아름답다고 여기지만, 그것은 아름다움이 아니다(惡). 세상 모든 사람들이 선함(善)을 선하다고 여기지만, 그것은 선함이 아니다(不善)."(제2장)라고 했는데, 여기서 선(善)의 대칭어는 악(惡)이 아니라 불선(不善)으로 등장하며, 악(惡)은 도리어 미(美)의 대칭개념으로 설정되었다. 그렇다면 악(惡)의 원시의미는 '추하다'는 뜻으로 보아야 할 것이며, 오늘날 선악 개념에서 말하는 '악'보다는 '싫어하다'가 더 원시적인 의미임을 알려준다.

5. '옳음'에서 '착함'으로

타인을 배려하면서 옳고 그름을 판별하는 본성으로 정의되었던 선(善), 그런데 그것이 어떻게 '착하다'는 뜻으로 변했을까? 물론 '착함'도 쉽게 도달하기 어려운 도덕적 지향임이 분명하다. 그러나 그 어려움과 가치가 '옳음'과 '정의'에 비할 수 있을까?

'옳음'은 강직함의 원천이다. 개개인부터 옳아야 하고, 옳음을 지향해야 하며, 그들을 대표하는 지도자라면 더더욱 그래야 한다. 그러나 이러한 가치 지향이 통치자의 입장에서 보면 그다지 환영할 만한 것은 못 된다. 왜냐하면, 목숨조차 새털처럼 가벼이 여기는 '군자'의 강직함을 통제하기가 쉽지 않았을 것이고, 뿌리치지 못하는 숱한 유혹에 둘러싸인 통치자 자신도 이를 지킨다는 것이 엄청난 고행이었을 것이기 때문이다. 그래서 유가 사상이 나라의 통치철학으로 정착한 한나라 이후, 선(善)은 소리 소문 없이 변신하게 된다. 이전의 '정의로움'에서 좀 더 완화된 개념으로, 좀 더 부드러운 개념으로, 좀 더 통치에 유리한 개념으로 교묘하게 포장을 바꾼다.

실제 언어생활에서 사용된 예를 보아도 한나라에 들면 "선린에 능한 형가를 보내면 됩니다(所善荊卿可使)."(『사기·자객전』)라는 용례에서처럼 '남과 잘 지내다'는 뜻으로 이미 변하고 있다. 송나라 때의 사전인 『집운(集韻)』에서는 선(嬗: 물려주다)과 같다고 하면서, 선(嬗)을 완(緩: 느슨하다), 비(婢: 비천하다)로 풀이했다. 이후 명나라 때의 사전인 『정자통(正字通)』에서는 다른 사람을 환대하며 잘 지내는 것을 뜻한다고 했다. 이런 과정을 거쳐 선(善)은 남과 잘 지내고, 남을 배려하며, 남을 보살피는, 상당히 부드럽고 약화된 개념으로 변화했으며, 선행(善行), 친선(親善), 선의(善意) 등의 단어들을 만들어 갔다. 그리하여 조선 중기의 『훈몽자회』에서도 선(善)을 '좋다'로, 『천자문』과 『유합』에서는 '어질다'로 풀이했으며, 조선 후기의 『자류주석』 이후부터 『자전석요』나 『신자전』 등에서는 모두 '착하다'로 풀이했다.

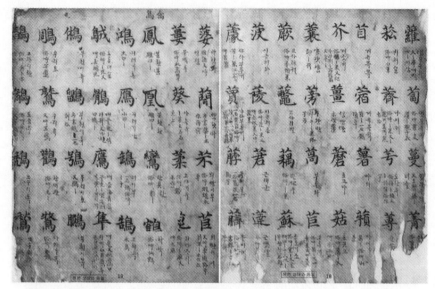

『훈몽자회(訓蒙字會)』. 1527년(중종 22) 최세진(崔世珍)이 지은 한자 학습서. 3권 1책으로 되었으며, 이전의 『천자문』과 『유합(類合)』 등이 일상생활과 거리가 먼 내용이 많아 초급자가 익히기에는 부적당하다고 여겨, 이를 보완하고자 지은 책이다. 총 3,360자를 4자씩 33가지 주제에 따라 나누고 음과 뜻을 달았다. 국립중앙도서관 소장본.

뿐만 아니다. 유가 경전에 나오는 선(善)조차도 많은 경우가 '좋다'라는 뜻보다는 '옳음'으로 해석하는 것이 더 정리에 맞아 보인다. 예컨대, 『논어』에 선인(善人)이라는 말이 나오는데, "선한 사람을 나는 본 적이 없구나. 항상심을 가진 자라도 볼 수 있다면 다행이라 할 것이다.(善人, 吾不得而見之矣. 得見有恒者, 斯可矣.)"(『술이』)라고 했다. 여기서의 선인(善人)을 보통 '착한 사람'으로 풀이하지만, 공자가 설정했던 이상적인 인간상에 대입해 보면 그다지 합리적이지 못하다.

즉 공자가 설정한 최고의 이상적인 인간은 성인(聖人), 그다음을 군자(君子), 그다음이 방금 보았던 선인(善人)이며, 그다음이 항상심을 가진 자라 할 수 있다. 성인(聖人)은 요순(堯舜)으로 대표되며, 군자(君子)는 『논어』 곳곳에서 등장하듯 최고 지식인들이 도달할 수 있는 최고의 경지이다. 그다음이 '선인(善人)'이고, 그다음이 항상심을 가진 자, 즉 어떤 상황이라도 변하지 않는 곧은 사람인데, 이를 '착하다'는 우리말 속에 담긴 순응하고 복종하다는 어감 때문에, 단순히 '착한 사람'으로 해석해서는 곤란하다. 그래서 북송 때의 『논어』 해설가였던 형병(邢昺, 932~1010)도 "선인은 군자라는 뜻이다"라고 했던 것이다.

그렇다면 『맹자』에서 말한 "궁즉독선기신(窮則獨善其身), 달즉겸선천하(達則兼善天下)."(「진심(하)」)도 "뜻을 얻지 못해 궁할 때에는 홀로 자신을 올바르게 하고, 뜻을 얻으면 세상을 올바르게 만들어야 한다."라는 뜻으로 해석될 수 있다. 세상이 혼란하고 나의 뜻을 받아주지 않을 때는 혼자서라도 권력이나 불의에 타협하지 않는 올곧은 본성의 함양에 힘을 쏟아야 한다. 내 한 몸조차 정의롭게 올곧게 산다는 것이 얼마나 어려운 것인지, 모두 잘 알고 있는 일이다. 하물며 남을 정의롭게 만들고, 사회를 세상을 정의롭게 만드는 일이란 정말이지 지난할 뿐 아니라, 아무나 할 수 있는 일도 아니다. 우리가 함께 노력하여 세상을 정의롭게 만든다면 그가 비로소 성인이요, 요순이 바로 그에 자리한다고 할 것이다.

6. 이 시대의 정의로움

도덕의 최고 지향점인 선(善), 그 선(善)이 단순히 개인의 '착함'으로 환원되지 않는다. 그것은 의(義), 즉 불의를 비판하는 분노와 상대의 해로운 행위를 시정하려는 용기와 관련된 글자로서 공동체의 공동선, 즉 '옳음'이고 '정의로움'을 지향한다.

앞서 말했듯 맹자와 순자의 '성선설'과 '성악설'도 '착하냐 악하냐'의 문제라고 생각하기 쉽지만, 사실은 사회적 차원의 '옳고 그름', '정의와 불의'에 대한 판단을 포함한다.

정의로움은 자신의 이익을 배제하는 데서 출발한다. 자신의 이익을 배제하려면 욕심을 줄여야 한다. 욕심을 줄이려면 속을 비워야 한다. 속을 비워야 남을 수 있고 남을 받아들일 수 있다. 그러나 자신의 이익이나 사익의 유혹을 뿌리치고 공공의 이익을 위해서 자신을 바칠 사람은 많지 않을 것이다. 견리사의(見利思義)라 했다. "이익이 되는 것을 보면 반드시 그것이 정의로운 것인지를 먼저 생각하라"는 뜻이다. 인간은 자신에게 유리한 유혹 앞에서 약해지기 마련이다. 그래서 "유혹되지 않는 인간은 인간이 아니다"라는 말도 나왔을 것이다. 그러나 이를 견뎌내고 뿌리치고 그 고통을 감내할 수 있어야 한다. 특히 오늘날의 자본주의 사회, 이익의 추구가 최고의 자리에 올라앉아 있는 이 사회에서 어원적으로 옳음과 정의에서 출발한 '선(善)'은 새로운 가치를 지니는 도덕적 지향점이다. 『설문해자』의 해설처럼 의(義)가 바로 선(善)이고 선(善)이 바로 의(義), 선(善)과 의(義)가 감각적으로 현상할 때 그것이 곧 미(美)와 연결되기 때문이다.

21세기 4차 산업혁명시대를 사는 오늘날, 인간은 계층은 더욱 고착화되고, 개인은 날로 왜소해져 소외되어만 가고 있다. 게다가 견리사의(見利思義)는 고사하고 모두가 이익추구에만 혈안이 되어 견리망의(見利忘義)만 횡행하고 있다. 이러한 위기에서 구할 것이 의(義)고 선(善)이며, 그리고 그러한 사익에서 인간을 감각적으로 해방시켜줄 미(美)이다.

08-1	착할 선		[譱], shàn

금문(金文)
고도문(古陶文)
간독문(簡牘文)
설문소전(說文小篆) 설문전문(說文篆文)

　도덕적 가치의 최고 이상을 말하는 '선'은 대단히 추상적인 개념이라 구체적으로 그려내기가 쉽지 않다.

　그러나 한자에서 善은 원래 譱으로 써, 誩(말다툼 할 경)과 羊(양 양)으로 구성되었다. 誩은 言이 둘 모여 서로의 말다툼을 상징하고, 羊은 고대 중국에서 옳지 않은 자를 뿔로 받아 죽인다는 신수(神獸)의 상징이다. 그래서 善은 羊의 신비한 능력으로 말다툼(誩경)의 시시비비를 판정해 준다는 神判(신판)의 의미를 담았다. 이로부터 길상과 훌륭함의 의미를 그렸는데, 자형이 변해 지금처럼 되었다.

　이후 착하다, 善行(선행), 좋은 일, 선하다, 훌륭하다, 좋아하다 등의 의미가 나왔고, 유가 철학의 핵심 개념의 하나로 자리 잡았다.

　그렇다면 善은 우리말의 풀이인 '착하다'는 뜻보다는 '정의롭고' '옳음'에 더 방점이 놓인 개념이다. 도덕의 지형점이라는 철학적 정의에 더욱 적절한 개념이 아닐 수 없다.

　남에게 축하나 고마움의 뜻을 담아 어떤 물건 따위를 선사하다는 뜻을 담은 선물(膳物)의 膳(반찬 선)은 고대사회에서 귀하디귀했던 고기(肉)가 그런 선물의 대표였을 뿐 아니라 '선물'은 '정의로운' 것이어야 함을 그려 넣었다.

08-2	옳을 의	義	义, yì

甲骨文 金文 古陶文 簡牘文 古璽文 說文小篆 說文或體

'정의'란 무엇인가? '개인 간의 올바른 도리 또는 사회를 구성하고 유지하는 공정한 도리'를 뜻하는 정의 또한 매우 추상적 개념이라 쉽게 그려내기 어려운 글자이다.

그러나 한자에서는 羊(양 양)과 我(나 아)로 구성되었다. 我는 원래 날이 여럿 달린 창을 그렸고, 이에 양(羊) 장식이 더해진 것으로 보아 '의장용 창'으로 보인다. 我가 우리라는 이미를 가지는 것으로 보아 종족 내부의 결속을 도모하고 배반을 응징하는 '정의로움'의 뜻을 그린 것으로 추정된다.

또 정의(正義)의 正(바를 정)이 원래는 征(칠 정)의 원래 글자이며, 성을 정벌하러 가는 모습을 그려 외부의 적을 제거하는 의미로 쓰였음을 고려할 때, 義는 이와 대칭적인 내부의 적을 처단하는 상징이며, 양 장식이 달린 의장용 무기로 이를 그려냈을 것이다.

이후 정의와 도덕에 부응하는 규범으로 자리 잡았으며, 명분, 이치, 선량함 등의 뜻까지 나왔다. 현대중국의 간화자에서는 초서체로 간단하게 줄인 义로 쓴다.

08-3	악할 **악** 미워할 **오**		惡, è

	甲骨文 金文 簡牘文 說文小篆

무엇을 선(善)이고, 무엇을 악(惡)이라 할 것인가?

선(善)은 말다툼의 진실을 가려줄 수 있는 신수인 양에서 의미를 가져와 '옳고' '정의로움'에 의미적 기반을 두었다면, 이에 대칭하는 악(惡)의 어원은 잘 알려져 있지 않다.

악(惡)은 心(마음 심)이 의미부고 亞(버금 아)가 소리부로, 명사로 쓰이면 '인간의 도덕적 기준에 어긋나 나쁨'을 뜻하는 '악'을 뜻하고, 동사로 쓰이면 '미워하다'는 뜻이다.

亞는 여러 해설이 있지만, 시신을 안치하던 墓室(묘실)을 그린 것으로 알려져 있다. 즉 무덤의 玄室(현실관을 놓는 곳)의 평면도를 그린 것이 亞라는 것이다. 亞에서 사방으로 뻗은 길은 동서남북의 방위를 뜻하며, 이는 당시 사람들이 네모졌다고 생각했던 동서남북 사방과 중앙으로 이루어진 땅의 모습이자 자신들이 살았던 영역의 상징이었다. 이후 왕의 무덤을 관리하던 관직으로부터 '버금'이라는 뜻이 나왔다.

그렇다면 악(惡)은 시신에 대한 두려움이나 거리낌 등으로부터 '흉측하다'나 '싫어하다'는 뜻이 담긴 것으로 추정된다. 이 때문에 惡을 "싫어하는(亞) 마음(心)"으로 풀이할 수 있고, 여기서 다시 善惡(선악)에서처럼 '나쁘다'는 뜻이 생긴 것으로 추정할 수 있다.

다만, 선악(善惡)에서처럼 명사로 쓰일 때에는 '악'으로 읽고, 미워하다는 뜻의 동사로 쓰일 때에는 憎惡(증오)에서처럼 '오'로 구분해 읽음에 유의해야 한다. 현대중국의 간화자에서는 亞를 亚로 줄인 恶으로 쓴다.

도(道): 인간이 걸어야 할 길

만물의 이치 따르며 자연과 조화 이뤄야

사람들에게 길은 소통·교류·융합·발전의 상징으로 여겨져
도가에서는 무위자연, 유가에서는 널리 사랑하는 것이 '도'

▌ 중국 삼국시대 유비와 제갈량이 넘나들었던 험준한 관문인 사천성 검문각. 여기에서 당 수도가 있던 장안으로 이어지는 길이 '촉도'다. 절벽에 구멍을 내 나무를 박은 뒤 그 위에 길을 낸 잔도(栈道)가 곳곳에 남아 있다.(사진: 월간중앙)

1. '촉(蜀)으로 가는 길의 어려움', 촉도난(蜀道難)

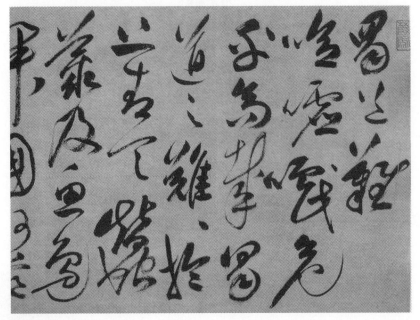

축윤명(祝允明, 1461~1527), 〈蜀道難〉(부분), 종이에 먹, 29.4×510.6㎝, John Elliott Collection

아아, 험하고도 높아라,
촉으로 가는 길이여! 하늘을 오르는 것보다 더 어렵구나!
噫籲嚱, 危乎高哉,
蜀道之難, 難於上靑天!

당나라 때의 대시인 이백(李白, 701~762)의 「촉도난(蜀道難)」의 시작 구절이다. 이 시가 읊고자 했던 상징은 여러 가지라 하지만, '촉(蜀)'으로 가는 길'의 험난함을 비유할 때 자주 쓰이는 말이다. 촉(蜀)은 지금의 사천(四川)

성을 일컫는 말이다. 중국의 서부에 위치한 사천성은 동서남북이 모두 험준한 산맥으로 둘러싸여 천혜의 요소처럼 된 커다란 분지이다. 이 때문에 중원과는 전혀 다른 독특한 문명을 만들어 왔다. 아직까지 그 실상과 비밀이 정확히 밝혀지진 않았지만, 잘 알려진 삼성퇴(三星堆) 문명이나, 최근 성도(成都)에서 발견된 금사(金沙)유적 문명 등은 언뜻 보기만 해도 그간의 중국 문화와는 다른, 매우 낯설고 이질적인 모습이다.

성도(成都) 소재 금사(金沙)유적박물관 전경과 소장 황금가면. 2007sus 출토, 상주시대, 너비 19.5cm, 높이 11cm, 두께 0.04cm, 무게 46g(왼쪽). 광한(廣漢)의 삼성퇴(三星堆) 박물관 소장 금박 청동 가면, 상나라, 두상 세로 길이 17.6cm, 가로 길이 15cm, 전체 높이 48.1cm(오른쪽). 필자사진

그러나 영원한 고립은 없는 법, 사람들은 그 험난한 산맥도 넘으며 협곡을 따라 길을 만들었다. 중원에서 함곡관(函谷關)을 지나야 이르는 섬서성, 그곳의 수도 서안(西安)에서 사천성으로 들어가는 길을 '촉도(蜀道)'라 불렀는데, 이백의 표현처럼 '하늘을 오르는 것보다 더 험한 곳'으로 이름났다. 험준한 산맥과 수백 미터 깎아지른 벼랑을 따라 사람하나 겨우 지날 너비의 잔도(棧道)로 이어진 길, 그것에 이제는 기찻길이 났고, 15시간이나 걸리던 기찻길도 지금은 고속철로 서너 시간이면 갈 수 있게 되었다. 이렇듯 길은 또 다른 길을 만들었고, 옛날의 길은 아련한 흔적으로 기억으로만 남았다.

중국의 본토 중원과 사천 지역을 연결하는 길이 '촉도'였다면, 사천성에는 그 옛날, 저 멀리 지구의 서쪽 끝에 자리한 문명 중심지 로마까지 연결되는 '실크로드'도 있었다. 소위 '서남 실크로드'가 그것인데, 광한(廣漢)에서 남쪽으로 성도를 지나 운남성의 곤명(昆明)과 대리(大理), 미얀마, 인도, 아라비아를 거쳐 로마로 이어지는 중국 최초의 무역로였다. 한나라 때 본격적으로 개척된, 서안에서 천산산맥을 넘어 파미르 고원을 거치고 중앙아시아를 지나 로마까지 이어지는 '서북 실크로드'보다 먼저 만들어졌지만, 우리에게는 아직 덜 알려진 길이다.

여하튼 기원전 시기부터 인간은 동서 문명의 중심, 중국과 로마 사이를 산맥을 넘고 사막을 지나 걷고 또 걸으며 6~7천 킬로미터에 이르는 그 길고 험난한 길을 이어왔다. 이처럼 인간의 상상을 넘을 정도로, 아무리 험하고 멀리 떨어져도 인간이 만들지 못하는 길은 없었고 가지 못하는 곳도 없었다. '길'은 소통의 상징이다. 가지 못하는 곳을 가게 만들고, 만나지 못한 사람들을 만나게 하고, 서로 다른 문명을 서로 연결해 주었다. '길'은 교류와 융합과 발전의 상징이다.

2. '길'과 도(道)

'길'을 표현하는 한자는 여럿 있다. 포괄적 의미를 나타내는 글자로, '길'의 대표 글자이면서 철학적 의미를 띠는 도(道)를 비롯해 로(路)도 있고, 도(途)도 있으며, 행(行)도 있고, 가(街)도 있고, 항(巷=衖)도 있다.

도(道)는 뒤에서 설명하겠지만 '사람(首)이 가야(辵=辶) 할 길'을 뜻하고, 로(路)는 사람의 발(足·족)지이 이르는(各·각) 곳이라는 의미를 담았고, 도(途)는 가다가(辵·착) 잠시 쉬어 갈 수 있도록 막사(舍·사)가 설치된 길을 뜻하는데, 달리 도(塗)나 도(涂)로 쓰기도 한다.

성도(成都)의 금사(金沙) 유적박물관 전경과 황금가면(왼쪽 사진). 광한(廣漢)의 삼성퇴(三星堆) 박물관의 청동가면.(사진: 필자)

행(行)은 사거리를 거려 사람이 많이 다니는 거리를 뜻했는데, 지금은 '가다'는 동사적 의미로 주로 쓰이지만, 『시경』에서 말한 미행(微行)과 주행(周行)은 각각 '작은 길(小路)'과 '주나라 사람들이 만든 길'을 뜻했다. 또 가(街)는 흙으로 만든 해시계(圭·규)가 설치되었던 사거리(行)를 의미하며, 항(巷)은 사람(巳)들이 함께(共) 걸어 다니고 공유할 수 있는 '거리'나 '골목'을 말한다. 항(巷)은 원래 䢽(거리 항)으로 써 마을(邑) 사람들이 함께 걸어 다니고 공유하는(共) '골목길'을 말했는데, 이후 읍(邑)이 사(巳)로 변해 지금의 자형이 되었다. 달리 항(衖)으로도 쓰기도 하고 『설문해자』에서는 항(䚫: 거리)과 공(共)으로 구성된 항(䢼)으로 쓰기도 했는데, 의미는 모두 같다.

이들 글자 중, 도(道)와 로(路)와 도(途)는 마차가 마을 밖으로 난 길을 말하며, 행(行)과 가(街)와 항(巷=衖)은 마을 안의 길을 말한다. 이들 외에도 특정 의미를 구체적으로 구분하여 나타내는 글자도 있는데, 경(徑)은 '지름길'을, 경(逕)은 '좁은 길'을, 철(畷)은 '밭두둑 길'을, 등(磴)은 '비탈길'을 말한다. 마차가 실용화되고 나서는 궤(軌)라는 글자도 나왔는데, '수레바퀴 길'을 말한다.

이 많은 글자들 중, 도(道)는 매우 특별한 의미를 가진다. 그것은 도(道)가 '길'의 대표 글자이기도 하지만, 단순히 사람들이 지나다니는 '길'의 의미를 넘어서, 동물이나 자동차 등이 지나다니는 '길'의 보편 명사이자, 나아가 우리가 걸어야 할 '길'이요, 우리가 지켜야 할 도리(道理)이자, 진리이기 때문이다.

도(道)는 고문자에서부터 글자 그대로 수(首)와 착(辵)으로 구성되었는데, 수(首)는 '머리'를 뜻하고, 착(辵)은 '감'을 뜻한다. 착(辵)은 척(彳: 조금 걷다)과 지(止: 발)가 결합된 형태인데, 척(彳)은 사거리를 거린 행(行)의 줄임 형이다. 그래서 착(辵)이 들어가면 모두 '가다'는 뜻을 가지게 된다.

그러면 수(首)는 무엇을 그렸을까? 오늘날 214부수의 하나로 우리에게 매우 익숙한 한자이지만 이의 어원에 대해서는 의외로 의견이 분분하다. 중국 최초의 어원사전으로 서기 100년에 완성된 『설문해자』에 서는 진(秦)나라 때의 소전체 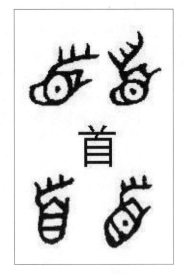 에 근거해, 윗부분은 머리칼을 아랫부분은 얼굴을 그려, 사람의 '머리'라고 했다. 상나라 때의 문자인 갑골문에서도 ⟨그림⟩ 등과 같이 써 비슷하다. 그러나 자세히 보면 갑골문의 수(首)는 사람의 머리라기보다는 오히려 동물의 머리를 닮았다. 특히 주나라 때의 금문을 보면 더 그렇다. 즉 ⟨그림⟩ 등은 위가 머리칼이라기보다는 뿔이고, 아랫부분은 눈이나 머리를 그렸다. 그래서 『한자왕국』의 저자 세실리아 링퀴비스트(Cecilia Lindqvist)는 『설문해자』의 해설과는 달리 수(首)가 '사슴의 머리'를 그렸다고 주장했다. 상당히 일리 있는 설명이다.

수(首)가 사슴의 머리를 그렸다면, 도(道)는 사슴이 달리며 만들어낸 '길'을 뜻한다. 원시 수렵 시절, 사슴들이 황토 평원에서 떼 지어 먼지를 일으키며 달리며 만들어낸 '길'을 상상해 보라. 바로 그 '길'이 '길'의 출발이었던 셈이다. 사슴이 여럿 떼 지어 달리면 '멀리 달려가다'는 뜻의 추(麤)가 되고, 사슴이 무리지어 달리며 일으키는 '먼지바람'이 진(塵)이다. 진(塵)은 원래 추(麤)와 토(土)의 결합으로 이루어진 진(⟨그림⟩)으로 써, 사슴이 떼 지어(麤) 달리면서 일으키는 흙(土) '먼지'를 형상화 했다. 현대 중국의 간화자에서는 진(尘)으로 변해 '작은 흙먼지'임을 형상했다. 여하튼 사슴이 달려 만들어낸 길이 사람이 다니는 길이 되었고, 또 마차와 수레가 다니는 큰 길이 되었으며, 그 길을 따라 자동차와 기차가 다니는 큰 길이 만들어졌다.

『시경』에 등장하는 '주도(周道)'는 군대의 이동이나 물자의 수송을 위해 만든 주(周)나라 때의 국도(國道)로, 바닥에는 널따란 돌을 깔았고, 수레가 비켜갈 수 있을 정도의 넓은, 직선으로 된 화살처럼 곧바른 길이었다. 이후 도(道)는 우리도 이를 오늘날까지 원용하고 있는 것처럼 행정단위로도 쓰이게 되었는데, 이전의 주(州)에 상당하는 개념으로 당나라 때 만들어졌다. 이러한 길을 따라 자동차 길이 만들어지고, 기찻길이 건설되어 오늘날에 이르렀다.

　그러나 도(道)를 구성하는 핵심 글자 수(首)가 형상했다고 하는 '사슴'은 중국에서 특히 다양한 문화적 상징을 가진다.

3. 수(首)와 '사슴'의 상징

중국의 고대 신화를 모아 놓은 『산해경(山海經)』이라는 책에서도, 중국의 제도나 생활 의식을 집대성한 『예기(禮記)』와 『의례(儀禮)』에서도 '사슴'은 자주 등장한다. 이를 반영하듯 상나라 때의 청동기 문양에서도 사슴은 자주 보이며, 록(鹿)으로 구성된 글자들에도 이런 흔적이 남아 있다.

예컨대, 『산해경·남산경(南山經)』에는 신비한 동물로 '녹촉(鹿蜀)'이 등장하는데, "말의 모습에 호랑이 무늬를 가졌으며, 머리를 희고 꼬리는 붉으며, 사람이 노래하는 듯한 울음소리를 가진(其狀如馬而白首, 其文如虎而赤尾, 其音如謠.)" 사슴으로, 그 가죽을 몸에 지니면 자손이 번성한다고 하였다.

그런가 하면, 『의례·사관례(士冠禮)』에 보면 관례에 오는 손님께 여피(儷皮)를 선물한다고 했는데, 정현(鄭玄)의 주석을 빌리면 여피(儷皮)는 사슴 가죽 두 장(兩鹿皮)을 말한다. 『의례·사혼례(士昏禮)』에도 납징(納徵) 때 신랑 측에서 신부 측에게 여피(儷皮)를 보내야 한다고 했다. 뿐만 아니라 『의례·빙례(聘禮)』에서는 사신이 상대국을 방문했을 때 상대국에게 여피(儷皮)를 선물한다고 했다. 여기서 볼 수 있듯, '사슴 가죽'은 성인되는 의식, 결혼을 하는 의식, 외교 의식에서 보두 상징적 존재로 등장한다. 우리말에도 남아 있는 항려(伉儷)는 '남편과 아내로 이루어진 짝' 즉 부부(夫婦)를 뜻하는 데 '사슴 가죽으로 이룬 짝'이라는 의미가 담긴 단어이다.

신강(新疆)에
서 발견된 당
나라 때의 여
와복희도(伏羲
女媧圖). 둘이
교차하여 하
나 되었음을
상징적으로
표현했다.

왜 '사슴 가죽'이 이런 중요한 의식의 선물로, 특히 '결혼'과 혼수의 상징이 되었을까? 그것은 오랜 연원을 갖고 있다. 당나라 때 공영달(孔穎達)이 풀이한 『예기정의(禮記正義)』를 보면, "복희씨 때부터 장가를 들 때는 사슴 가죽을 예물로 삼는다(伏犧制嫁娶, 以儷皮爲禮.)"라고 하였다. 왜 그랬을까? 이는 최근 인류학적 도움을 받고서야 해석이 이루어지게 되었다.

허진웅(許進雄, 1941~)의 『중국고대사회』에 의하면, 대만의 소수민족인 고산족들에게는 최근까지도 결혼식에 중간에 구멍이 뚫린 사슴 가죽을 선물하는 습관이 보존되었다고 하며, 이는 중국의 인류 탄생의 신화에서부터 그 흔적을 찾을 수 있다고 한다. 중국에서 인류탄생 신화의 주인공인 여와(女媧)와 복희(伏羲)는 그 옛날, 대홍수 시절, 그들 둘 만이 커다란 바가지를 배 삼아 이 세상에서 살아남았다. 후손을 만들어야 했지만 그들의 관계가 오누이였던지라, 쉽게 성교하지 못하였다. 고민 끝에 사슴가죽의 중간에 구멍을 내어 그것을 사이에 두고 성교하여, 중국의 후손이 이어지게 되었다. 그 후로 '사슴가죽'이 교접의 상징으로, 다시 결혼 선물의 대표가 되었으며, 자손의 번성은 물론 상대를 존중하는 상징으로 자리 잡게 되었다는 것이다. 이러한 흔적이 『산해경』, 『의례』, 『예기』는 물론 대만 소수민족의 결혼 풍습에 반영되어 고스란히 흔적을 남겼을 것이다.

이러한 흔적은 여기에 머물지 않는다. 부부를 뜻하는 항려(伉儷)라는 단어도 그렇지만, 우리가 자주 쓰는 경(慶)자에도 그 흔적이 남아 있다. 경(慶)이 왜 경하(慶賀: 경사스러운 일을 축하하다)라는 뜻을 가질까? 글자를 자세히 살피면 경(慶)에도 '사슴'을 뜻하는 록(鹿)자가 들었다.

경(慶)은 금문에서 🦌, 🦌, 🦌, 🦌와 같이 써, 사슴을 뜻하는 록(鹿)과 '무늬'를 뜻하는 문(文)이나 '마음'을 뜻하는 심(心)으로 구성되어, '아름다운 무늬(文) 든 사슴(鹿) 가죽'을 말했다. 이후 사슴(鹿)이 머리와 몸통부분(㿝·록)과 뒷다리(夂·치)로 분리되고 문(文) 대신 심(心: 심장, 핵심, 마음)이 선택되어 지금의 자형이 되었다. 이는 여와와 복희의 인류창조 신화와 그로부터 만들어진 결혼의 상징으로서의 아름다운 무늬가 든 '사슴 가죽'의 전통을 반영하였고, 결혼이나 축하 사절단의 선물로서의 '사슴 가죽'으로부터 경사(慶事)는 물론 경하(慶賀)하다, 慶祝(경축)하다 등 뜻이 만들어졌다. 이후 무늬를 뜻하는 문(文)보다 마음을 뜻하는 심(心)이 선택되었던 것은 그런 축하가 마음(心)으로부터 우러나와야 함을 강조하기 위함이었을 것이다.

이처럼 사슴은 생명과 관련된 제의적 상징이 많이 들어 있는 동물이다. 그래서 사슴은 새 생명을 잉태함은 물론 '죽음을 삶으로 되살리고, 사람들의 생명력을 충만하게 하며, 심지어 불로장생도 가능하게 하는' 동물이라 믿었다. 이 때문에 옛날 전쟁에서는 전쟁의 승리를 점쳐주는 존재로 여겨지기도 했다. 지금도 여전히 중요한 약재로 쓰이는 사슴의 뿔은 매년 봄이면 새로 자라나는 특징 때문에 생명의 주기적 '순환'의 상징이었다. 다른 여러 문명에서도 사슴이 '신성과 부'의 상징이며, '생명의 나무'로 묘사되는 것도 이 때문일 것이다.

4. '길'에서 도리(道理)로, 진리(眞理)로: 도(道)의 상징

이렇게 해서, 도(道)는 어원적으로 사슴이 달려가며 낸 '길'에서 사슴의 머리(首)가 상징하는 새 생명의 탄생과 그것이 갖는 순환과 생명의 운행(辵·착)이라는 의미로 확장하며 철학적인 의미를 더해 갔다. 특히 금문에서 도(道)는 수(首)와 행(行: 가다)과 지(止: 발)로 구성되어, 사슴의 이동을 사실적이고 구체적으로 표현했지만, 이후 행(行)과 지(止)가 합쳐져 착(辵)으로 줄어 지금의 도(道)가 되었다.

사슴은 뿔이 더욱 상징적인데(그래서 '아름답다'는 뜻의 려(麗)도 사슴의 뿔을 그렸다), 수사슴의 뿔은 매년 한 차례 벗고 매년 새것이 자라난다. 대자연이 새로운 생명을 시작할 무렵이면 황량한 대지에서는 새로운 생명이 자라나듯, 매년 사슴의 머리에서는 새 뿔이 돋아난다. 사람들은 여기서 생명의 순환을 보았고, 대자연의 이치를 보았으며, 이것이 어길 수 없는 우주의 법칙이자 섭리라고 여겼을 것이다.

이로부터 도(道)는 철학적 의미까지 더해가게 되어, 그러한 자연의 순환적 운행을 뜻하게 되었고, 그것은 고대 중국인들이 생각했던 천지만물의 이치이자 사물의 보편적 규칙이자 진리였으며, 바로 도(道)였다. 아마도 이때쯤 해서 도(道)를 구성하는 수(首)도 '사람의 머리'로 바뀌었을 것이고, 의미 중심도 '사람'으로 옮겨가게 되었을 것이다. 그리하여 도(道)는 '사람'이 반드시 가야 할 '길'이자 따르고 지켜야 할 '도(道)'가 되었다. 여기에서 파생된 導(이끌 도)는 도(道)에 손을 뜻하는 촌(寸)이 더해진 글자로, 그러한 길(道)을 가도록 사람들을 잡아 이끄는(寸) 모습을 형상화했다. 사람들이 다른 길을 가지 않도록, 도를 지키도록 이끈다는 의미를 담게 되었다.

5. 도가와 유가의 도(道)

도(道)라고 하면 제일 먼저 『노자』가 떠오를 것이다. 제일장 첫 구절부터 "도를 도라고 설명할 수 있으면 그것은 진정한 도가 아니다."라는 엄청난 선언부터 『노자』 전체가 도(道)에 대한 설명으로 구성되었기 때문이다. '설명할 수 있는 도는 도가 아니다'는 그의 선언에도 『노자』는 도(道)가 무엇인지를 열심히 설명한 책이다. 역설적이라 아니 할 수 없다. 물론 이 때문에 『노자』를 달리 『도덕경(道德經)』이라고도 부른다. 그에게 도(道)나 덕(德)은 다른 개념이 아닌 하나였다. 그는 도(道)가 덕(德)이고 덕(德)이 도(道)이다. 형이상학적인 추상적 개념이 도(道)라면 형이하학적인 구체적 개념을 덕(德)이라 보았다.

노자의 도(道)가 무엇인지, 그의 말대로 구체적으로 설명하기는 어렵다. 그러나 무위자연(無爲自然)이라는 말은 매우 적절한 설명이 될 수 있을 것이다. 무위(無爲)와 자연(自然)은 사실 같은 말이다. 자연(自然)은 '스스로 그러하게 내버려두다'는 뜻이고, 무위(無爲)의 위(爲: 하다, 시키다)는 위(僞: 억지로 하다)와 같아 '억지로 어떻게 되도록 하지 않는 것'을 뜻하기 때문이다. 위(爲)는 원래 🐘로 써, 손(爪·조)으로 코끼리(象·상)를 부려 일을 시키는 모습을 그렸기에 원래부터 '억지로 시키다'는 뜻이 든 글자이다. 이후 인(人)은 더한 위(僞)를 만들었는데, 사람이 하는 일은 모두 '억지'이자 '거짓'이라는 의미를 담았다. 중국인들의 인식이 돋보이는 글자다.

무위자연을 주장한 노자, 모든 것을 인위적으로 억지로 하지 말고 자연의 순리대로 그대로 둘 것이며, 그러한 대자연과 우주의 순리를 따라야 한다는 게 그의 생각이었고, 그것이 그가 말한 도(道)였을 것이다. 그는 끝없이 이어지는 인간의 욕망과 욕심을 대자연의 상징인 '물'과 비교하여 이렇게 말했다.

　"최고의 선은 물과 같다. 물은 만물을 이롭게 하면서도 공을 다투지 않으며, 모든 사람들이 싫어하는 곳에 자리하기 때문에 도(道)에 가깝다. 자리할 때에는 장소를 잘 고르고, 마음을 쓸 때에는 넓고, 남과 함께 할 때에는 인자하고, 말을 할 때에는 믿음이 있고, 바르게 할 때에는 잘 다스리고, 일을 할 때에는 능숙하게 하고, 움직일 때에는 시기를 잘 선택한다. 오직 다투지 아니하기 때문에 걱정거리가 없는 법이다."

　그러나 유가에서의 도(道)는 조금 달랐다. 당나라 때의 유학자 한유(韓愈, 768~824)는 「원도(原道)」라는 글에서 이렇게 말했다.

> 널리 사랑하는 것(博愛)을 인(仁)이라 하고, 그것을 적실하게 실현시키는 것을 의(義)라고 한다. 인(仁)과 의(義)의 길을 따라 나아가는 것을 도(道)라고 하며, 자신이 완벽한 수양을 갖추어 외물의 힘에 기대지 않게 하는 것을 덕(德)이라 한다.(博愛之謂仁, 行而宜之之謂義. 由是而之焉之謂道, 足乎己而無待於外之謂德.)

　한유는 노자가 우주자연의 질서로부터 우주와 사회와 인간에 적용될 수 있는 보편적 도를 논의했던 것과 달리, 인간사회의 질서에 관한 이치를 말해 이상적 사회의 구축에 치중했다. 공자도 마찬가지였다. 그는 평생 인(仁), 의(義), 예(禮), 덕(德)의 구현에 온 힘을 쏟았다. 또 군자가 지켜야 할 '4가지 도(四道)'에 대해 말하면서, 자신에 대해서는 공(恭: 삼가하다), 일에 대해서는 경(敬: 경건하다), 백성에 대해서는 혜(惠: 은혜롭다), 남을 부림에 대해서는 의(義: 정의롭다)를 언급한 바 있다.

6. 오늘날의 도(道)

1. 당나라 때의 시인이자 대유학자 한유(韓愈, 768~824). / 2. 유가에서는 널리 사랑하는 것을 도라 했다. 유가의 창시자인 공자의 초상.

도가는 무위자연, 즉 우주자연의 원리를 따라 인간이 마음대로 하지 않는 것 그것을 도(道)라고 하였고, 유가는 널리 사랑하고 그것을 실천하는 것을 도(道)라고 했다. 그렇다면 21세기 4차 산업혁명시대의 한국을 사는 우리에게 도(道)는 무엇이고, 또 걸어야 할 길은 무엇일까?

여러 가지가 있겠지만, 지금의 인류에게 가장 위협이 되는 것, 그것의 위험성을 인식하고 통제하고 제어하여 인간이 인간답게 살게 하는 길, 그것이 우리가 걸어야 할 길이요, 그것이 오늘날의 도(道)일 것이다. 인류에게 가장 위협이 되는 것은 무엇일까?

기후환경의 변화가 하나이다. 요 며칠 무척이나 뜨거운 날씨처럼, 지구 전체가 기상관측이 시작된 이후의 여러 기록을 차례대로 갈아치우는 기염을 토하고 있다. 이제 기상이변이 '이변'이 아니라 '일상'이 된 시대다. 예외가 반복되면, 예외가 일상이 되는 법이다. 예외가 일상이 된 시절에 도(道)를 말하거나 도를 실행하기는 어렵다. 도는 극단적 더위나 극단적 추위 같은 자연이 가져다주는 어려움 앞에서, 모두가 힘드니, 우리 다 같이 '신음'하고, 다 같이 힘들고, 다 같이 고통을 겪으라는 고통의 평등을 말하는 것은 아닐 것이다.

어려운 경제 상황 앞에서도 이는 마찬가지이다. 부자를 가난하게 만들어서, 중산층을 빈곤층으로 끌러내려 가난과 고통의 평등을 이룩하는 것이, 우리의 목표가 될 수는 없다. 『노자』의 '물'처럼 도(道)는 고통이 강물처럼 흐르게 하는 것이 아니라 강물의 거센 흐름 속에서도 모든 생물이 그 속에서 움트고 자라나게 하는 데 있다. 우리가 찾는 도가 고통의 평등한 분배에 있는 것은 아니다.

또 하나 더 있다. 인공지능(AI)의 끝없는 발전이다. 알파고(AlphaGo)를 통해 딥 러닝(Deep Learning)이 기술적으로 해결되었음이 확인되었고, 그 후 불과 2~3년이라는 짧은 시간에 인공지능은 인류가 태어나서 지금까지 발전했던 전체 시간보다 더 빠른 속도로 발전해 가고 있다 해도 과언이 아니다. 스스로 생각하고 판단하는 '깊은 인공지능'의 출현도 시간문제일 뿐이다. 이렇게 간다면 인류의 운명이 인공지능에게 맡겨질 가능성도 크다.

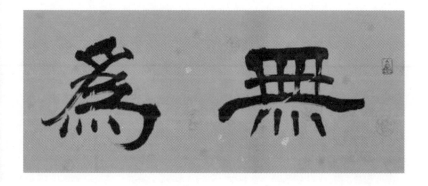

이 때문에 우리는 인간의 머리로 변하기 이전의, 사슴머리로 구성된 도(道)의 원래 의미를 다시 생각해볼 필요가 있다. 인간에게만, 혹은 우리 집단에게만 유용한 것을 극단적으로 추구하는 것, 그것은 도(道)가 아니다. 도(道)가 도(道)가 되려면, 인간과 자연에, 그리고 인간과 지구에, 우리 집단만이 아닌 다른 집단에도 유연하게 적용될 수 있어야 하는 것이어야 할 것이다.

지구의 기후환경을 지키든, 인공지능의 지배에 들지 않게 하든, 모든 근원은 인간의 끝없는 욕망과 욕심의 절제가 관건이자 핵심이다. 우주자연의 섭리를 배우고, 만물의 이치를 따르며, 자연과 화해하고 조화하는 것, 그것은 지금도 여전히, 아니 지금 더욱 절실히 우리가 가야할 길이요 도(道)임에 분명하다.

09-1			
길 도	道		dào

사람이 마땅히 지켜야 할 도리를 뜻하며, 종교적으로는 깊이 깨친 이치나 그런 경지를 말하는 '도', 이를 그려내기란 여간 어려운 일이 아니다. 그래서 『노자』의 말처럼 "도를 도라고 설명할 수 있으면 그것은 진정한 도가 아니다."라는 유명한 말이 있게 되었다.

그러나 언어문자는 본질적으로 그런 한계성을 갖는다 하더라고 구체적으로 언명해야 하고 표현해야 하는 것이 그것의 본분이다. '도'를 한자에서는 도(道)라 표현했는데, 首(머리 수)와 辵(쉬엄쉬엄 갈 착)으로 구성되었다. 사람이 걷는 '길'을 뜻하는 동시에 철학적 의미로서의 '도'도 함께 뜻한다. 그래서 사람이 걷는 길이 '도'이요, 사람이 지켜야 할 '도'가 바로 사람이 걸어야 할 '길'임을 말했다.

금문에서는 '길'을 뜻하는 行(갈 행)과 '머리'를 뜻하는 수(首)와 '손'을 뜻하는 우(又)로 구성되었으며, 행(行)은 彳(조금 걸을 척)으로 줄기도 했고, 우(又)는 생략되고도 했으나, 전체 의미에는 영향을 주지 않는다.

핵심적 의미를 가지는 首의 어원에 대해서는 의견이 분분하지만, 사슴의 머리를 그린 것으로 보인다. 사슴의 머리(首)는 매년 자라나 떨어지는 뿔을 가졌기에 순환의 상징이기도 하다. 그래서 道는 그런 순환의 운행^(走) 즉 자연의 준엄한 법칙을 말했고, 그것은 인간이 따라야 할 '길'이었다. 이로부터 '道'라는 숭고한 개념을 담았을 것이다.

혹자는 수(首)를 화려하게 분장한 제사장의 '얼굴'로 보기도 한다. 그렇다면 이는 고대 사회에서 신과 교통하며 구성원들이 나아가야 할 길을 이끄는 사람인 '지도자'가 인도하는 길임을 언명하는 셈이 된다. 참고할만한 해설이다.

도(道)에서 파생한 導(이끌 도)는 이런 길^(道)을 가도록 잡아^(寸·촌) 이끄는 것임을 말했다.

09-2	머리 **수**	# 首	shǒu

	甲骨文 金文
	古陶文 帛書 簡牘文
	說文小篆

자형에 대해서는 의견이 분분하다. 『설문해자』에서는 소전체에 근거해 "윗부분은 머리칼을 아랫부분은 얼굴로 사람의 '머리'를 그렸다."라고 했는데, 갑골문 자형도 비슷하다. 하지만, 갑골문의 首는 사람의 머리라기보다는 오히려 동물의 머리를 닮았고, 금문은 위가 머리칼이라기보다는 사슴뿔을 닮았다.

그래서 최근에는 『설문해자』와는 달리 '사슴의 머리'를 그렸다는 설이 제기되었다. 청동기 문양 등에도 자주 등장하는 사슴은 전통적으로 중국인들에게 중요한 동물이었음이 분명하다. '무늬가 든 사슴 가죽'을 그린 慶(경사 경)의 자원에서처럼, 사슴의 가죽을 결혼 축하선물로 보낼 정도로 사슴은 생명과 관련된 제의적 상징이 많이 들어 있는 동물이다.

그래서 사슴은 '죽음을 삶으로 되살리고, 사람들의 생명력을 충만하게 하며, 심지어 불로장생도 가능하게 하는' 동물이라 믿었으며, 옛날 전쟁에서는 전쟁의 승리를 점쳐주는 존재로 여겨지기도 했다. 지금도 여전히 중요한 약재로 쓰이는 사슴의 뿔은 매년 봄이면 새로 자라나는 특징 때문에 생명의 주기적 '순환'의 상징이었다.

그래서 道(길 도)는 이러한 사슴의 머리(首)가 상징하는 순환과 생명의 운행(辵·착)을 형상화한 글자로 볼 수 있다. 금문에서 道는 首와 行(갈 행)과 止(발 지)로 구성되었지만, 이후 行과 止가 합쳐져 辵이 되어 지금의 道가 되었다. 그래서 철학적 의미의 '道'는 그러한 자연 순환적 운행을 따르는 것, 그것이 바로 사람이 갈 '길'이자 '道'였다. 그리하여 道에는 '길'이라는 뜻까지 생겼고, 여기에서 파생된 導(이끌 도)는 道에 손을 뜻하는 寸(마디 촌)이 더해진 글자로, 그러한 길(道)을 가도록 사람들을 잡아(寸) 이끄는 모습을 형상화했다. 여하튼 首는 '머리'라는 뜻으로부터, 우두머리, 첫째, 시작 등의 뜻을 갖게 되었다.

09-3	경사 **경**	慶	庆, qìng

경하(慶賀)하다는 말이 있다. 경사스러운 일을 축하하다는 뜻이다. 경사(慶事), 즉 '축하할만한 기쁜 일'을 뜻하는 경(慶)은 어떻게 만들어졌을까?

금문에서는 경(慶)은 文(글월 문)과 鹿(사슴 록)으로 구성되어 무늬(文)든 사슴(鹿) 가죽을 말했는데, 이후 사슴(鹿)이 머리와 몸통부분(严·록)과 뒷다리(夂·치)로 분리되고 文 대신 心(마음 심)이 들어가 지금의 자형이 되었다.

고대 중국에서는 결혼 축하 선물로 무늬가 든 아름다운 사슴 가죽을 가져가던 전통이 있었는데, 이로부터 慶事(경사), 축하하다, 慶祝(경축)하다는 뜻이 나왔다. 사슴 가죽은 중국 신화에서 인류 탄생의 시조가 되는 복희와 여와가 교접할 때 사용했던 상징물이었기에 이런 전통이 생겼다. 이후 무늬를 뜻하는 文이 마음을 뜻하는 心으로 바뀌어 그런 축하가 마음(心)으로부터 우러나와야 함을 표현했다. 현대중국의 간화자에서는 간단하게 줄인 庆으로 쓴다.

10

시(詩): 언어가 머무는 곳

'나라는 쓰러져도 봄은 오는구나'

고대 중국에선 "『시경』을 모르는 자와는 말도 섞지 말라"는 격언

공자 "시는 마음을 일으키고 세상을 보게 하고 사람들과 어울리게 한다"

호북성 무한의 전경과 장강대교·양자강·한강 등을 두루 조망할 수 있는 황학루. 도사가 벽에 그린 학이 때마다 춤을 춰 큰돈을 벌게 된 술집 주인이 그 인연을 기려 학이 날아간 뒤 누각을 세우고 황학루라 이름 지었다는 전설이 내려온다.(사진: 월간중앙)

▌두보초당(사천성 성도). 579년 안사(安史)의 난을 피해 여기서 4년을 머물렀
으며 여기서 「춘야희우(春夜喜雨)」 등 240여 편의 시를 지었다.(사진: 필자)

1. 「춘망(春望)」, 시성 두보(杜甫)의 절창

國破山河在,	나라가 쓰러져도 산하는 여전하고,
城春草木深.	봄이 찾아온 성에는 초목이 무성하네.
感時花濺淚,	저 꽃은 시대를 슬퍼하여 눈물 뿌리고,
恨別鳥驚心.	저 새는 이별을 아파하여 마음 졸이네.
烽火連三月,	춘삼월에도 봉화 연기는 가시지 않고,
家書抵萬金.	억만금보다 더 소중한 가족의 소식.
白頭搔更短,	흰 머리 긁고 긁어 더욱 듬성듬성,
渾欲不勝簪.	이제는 비녀조차 꽂기 힘드네.

엘리엇(T. S. Eliot)은 4월이 잔인한 달이라고 했다. 세계대전이 끝나고, 황폐하고 처절한 가슴 속에, 절망조차 말할 엄두가 나지 않던 시절, 4월의 꽃은 왜 저리도 따뜻한지.

두보는 그보다 훨씬 옛날에, 잔인한 봄을 이렇게 노래했다. 나라가 쓰러져도 국가가 없어져도, 여전히 봄은 오고, 산은 초록으로 물들고, 강은 지난 겨울의 얼음을 녹이며 흐른다. 그런데 이름 없는 저 꽃의 아름다운 이슬이, 두보의 눈에는 눈물로 보이고, 저 새의 즐거운 지저귐 소리는, 국난으로 인한 이별을 안타까워하는 슬픈 울음소리로 들린다. 어쩌다 들려오는 가족 소식, 억만금보다 중요하지만, 나이 든 개인의 한계 앞에, 오히려 잔인함으로 들려온다.

이슬람 문명이 화려하게 꽃피었던 곳, 그곳 이라크에 갑자기 석유전쟁이 터졌다. 낙천과 여유로움과 관용을 생명으로 살던 그들에게, 이제는 악마의 멍에를 뒤집어씌우고 있다. 얼마나 힘들었으면 얼마나 분했으면, 자기가 탄 비행기를 폭파시키고, 폭탄을 몸에 안은 채 적진으로 뛰어들었을까? 부모의 사랑을 받고 인간에 대한 정을 배워야 할 어린 나이, 그들은 생이별과 인간에 대한 적개심부터 배우고 있다.

남의 일이 아니다. 불과 반세기 전 이 땅에서 꼭 같은 일이 일어났고, 또 한 세대 전에는 미국을 대신해 월남으로 갔고, 이제는 이라크라는 그 땅으로 자리를 옮겼다. 그곳의 전쟁이 끝나면 그 화살은 또다시, 우리가 사는 이 곳 북녘 땅으로 돌아올지도 모를 일이다.

십 수 년 전, 한 은사님의 정년퇴임 기념책자에 실은 시평인데, 오늘의 현실과도 너무나 비슷하다. 지난해 이맘때쯤은 당장이라도 전쟁이 날듯 지구상에 존재하는 최고의 온갖 전략 폭격기가 우리 머리 위를 날아다녔다. 그러다 올 초에는 극적인 세기의 정상회담들이 이루어져 곧 통일이 될 듯하더니, 또 다시 전운이 감돌고 있다.

정말이지 한반도가 온 세상이 주목하는 격전지로 옮겨온 듯하다. 우리가 사는 이 땅이 세계의 열강들이 이익을 다투고 이념을 실험하는, 각축의 대상지가 되는 것은 결코 바람직하지 않다. 이렇듯 시는 세월이 흘러도 장소와 독자가 바뀌어도 미래를 예지하고 쉼도 없이 일어나는 사건의 본질과 관계를 포착해 지혜를 제공한다. 천 수백 년이 지난 지금도 '춘망'에서 읊은 관조는 여전히 유효하다.

▌두보가 겪었던 전쟁, 안사(安史)의 난 주요 현장이었던 서안의 명나라 때 성곽 모습.(사진: 월간중앙)

2. 시(詩)의 본질

시를 사전에서는 "자신의 정신생활이나 자연, 사회의 여러 현상에서 느낀 감동 및 생각을 운율을 지닌 간결한 언어로 나타낸 문학 형태"(두산백과)라고 정의했는데, 중국도 별로 다르지 않다. "시는 시가(詩歌)라고도 부르는데, 고도로 정련된 언어로써 작가의 풍부한 감정을 형상적으로 표현한, 사회생활을 집중적으로 반영한, 일정한 리듬과 운율을 가진 문학 장르를 말한다."(바이두백과)

이러한 정의대로라면, 시는 두 가지 조건을 가져야 한다. 하나는 인간의 감동을 표현하는 것이고, 다른 하나는 간결한 언어로 표현한 운문이어야 한다는 것이다. 전자는 내용이 될 것이고 후자는 형식이 될 것이다.

> 군중 속에 유령처럼 스쳐가는 얼굴들;
> 검고 젖은 나뭇가지 위의 꽃잎들
> The apparition of these faces in the crowd;
> Petals on a wet, black bough
>
> 「지하철역에서」(In a Station of the Metro)

에즈라 파운드(Ezra Pound)는 파리의 지하철역에서 스쳐가는 군중들의 모습을 14개의 단어로 읊었다. 검은 나뭇가지는 지하에 있는 공간의 어둠을 시사할 수도, 혹은 시간이 밤이라는 것을 나타낼 수도 있다. 그리고 나뭇가지가 젖은 것으로 보아 비가 내린다고 생각할 수도 있다. 그러므로 이 시는 하루의 일과를 끝내고 퇴근길에 오른 군중의 피곤에 젖은 얼굴들을, 햇빛을 받지 못하고 과습으로 축 처진 꽃잎의 이미지로 제시하고 있는 것같이 보인다. 시인은 군중을 나뭇가지와 접속하고 얼굴을 꽃잎과 접속하여, 마치 영혼이 빠져나가버린 듯한 군중들의 유령성을 포착한다. 그래서 파운드의 시를 이미지즘의 대표라 부르는 것일까? 여하튼 파운드는 영시를 혁신하기 위해 한시(혹은 일본의 하이쿠)의 전통을 응용하여 인상 깊은 시를 남겼다.

중국의 시는 원래부터 한자라는 이미지성 글자를 사용하여 극도로 절제된 표현으로 지어졌다. 앞서 인용한 두보의 '춘망'도 겨우 40자로 이루어졌다. 이 40자로 시인은 당시의 세상과 자신의 처지를 대구와 대비, 리듬과 강약은 물론 슬픔과 위로, 절망과 희망을 함께 녹여냈다. 훨씬 더 짧은 시도 있다. 왕유(王維) 같은 시인은 5자씩 된 4구의 20자라는 극도로 절제된 길이로 자연과 내면의 이치와 심오함을 그려낸 것으로 유명하다. 그의 시는 소동파의 평가처럼 "시 속에 그림이 든 듯하고 그림 속에 시가 든 듯한(詩中有畫, 畫中有詩.)" 한 폭의 그림이다.

중국이 시가 발달하고 모든 문예의 중심이 된 것은 중국어와 한자에 힘입은 바 크다. 중국어는 단음절어인데다 성조어라서 균형과 리듬감을 갖추기에 유리하다. 또 한자는 한 글자 한 글자가 한 단어인데다가 네모꼴로 되어, 강력한 직관적 속성을 가졌다. 특히 한자가 갖는 이미지성은 시가 갖는 본질에 매우 부합한다.

알파벳이나 한글이 독음만 갖고 있지만, 한자는 복합적인 속성을 가졌다. 형성구조가 거의 대부분임을 감안하면, 의미도 독음도 다 가졌다 할 수 있다. 다만 둘 다 완전한 모습이 아니어서 모호성까지 더해 준다. 게다가 한자는 단순한 그림도 아니고, 평면적인 의미만 담은 것도 아니다. 고도의 추상화된, 그림이면서도 이미지이다. 이 때문에 한자는 복잡 다양한 의미체계를 형성한다.

예컨대, 일(日)과 월(月)을 상형자라 하지만, '일(日)'과 '월(月)'이 어떻게 해와 달을 그렸다 하겠는가? 한자를 모르는 사람에게 '일(日)'과 '월(月)'이라는 형상을 보여주고 무엇이냐고 묻는다면 '해'와 '달'이라고 할 사람이 얼마나 있겠는가? 마찬가지로 '해'와 '달'을 그리라고 한다면 '일(日)'이나 '월(月)'처럼 그리는 사람도 없을 것이다. 있다면 천재이거나 이상한 사람일 것이다. 이들을 해와 달이라 인식하는 것은, 그 전 단계에서 ⊖과 ☽이 있기 때문이다. 각기 둥그런 모습의 '태양'과 이지러진 모습의 '달'을 그렸으며, 해를 움직이게 한다는 삼족오와 달에 산다는 두꺼비를 점으로 상징화까지 했다는 설명도 보태졌다. 이후 이들은 해와 달 뿐만 아니라, 시간적 개념의 날과 달, 왕과 왕비, 음과 양은 물론 합쳐져 '세월'이라는 복잡하고 다양한 의미체계를 형성했다.

또 天(하늘 천)은 어떤가? 처럼 써 정면으로 선 사람과 키운 머리를 그려놓고 그와 맞닿은 곳이 '하늘'임을 그렸다. 그래서 중국은 출발부터 하늘이 인간과 분리되고 대립되는 것이 아니라 언제나 연결된 공존의 개념이었다. 이 때문에 천인합일(天人合一)을 따로 설명하지 않아도 자연스런 연상이 가능해졌다. 鬼(귀신 귀)도 마찬가지이다. 와 같이 써 사람의 얼굴에 큰 가면을 덮어쓴 모습이 '귀신'이다. 그래서 귀신도 인간과 대립적인 존재가 아니라 인간에서 변형된 존재일 뿐이었으며, 인간으로의 환생이 그 목표였다. 동양의 귀신과 서양의 드라큘라가 본질적으로 다를 수밖에 없는 이유이다.

이처럼 중국어와 한자라는 배경 탓에 시가 중국 문학의 출발점이 되었다. 그래서 중국에서는 문학 작품의 분류도 '시'에서 리듬과 대구 등 운율적 속성이 얼마나 줄어드는가에 따라 사(辭), 부(賦), 변문(駢文), 희극, 소품(小品: 산문), 소설(小說) 등으로 구분되어 갔다. 가장 산문적인 소설이라 하더라도 극적인 장면에서는 언제나 운문을 사용한다. 『삼국연의』의 시작과 끝, 극적 장면들을 되새겨 보라. 뿐만 아니라 표현과 인지 방식도 시처럼 이미지적인 동시에 모호하고 완곡하며 다중적이다. 한자의 영향을 받은 동아시아 제국도 이 점에 있어서는 마찬가지이다.

3. 시(詩)는 언어의 제련 기술인가?

언사막시(言寺莫詩). "언(言)과 사(寺)의 결합이 시는 아니다(莫詩)"라는 선언이다. 단순한 부호의 결합, 나아가 말의 제련이 시가 될 수는 없다는 말이다.

이야기는 이렇다. 2010년 필자의 한국한자연구소에서 국제학술대회를 열었다. 보통과는 좀 색다른 형식을 시도했다. 세계의 저명학자를 초청해 1시간 발표에 2시간 토론하는 형식이었다. 수강료도 받았다. 진행의 편의를 고려해 중국어를 공용어로 했고, 통역 없이 진행했다. 처음에는 1시간의 발표가 너무 길지나 않을까, 2시간이나 통역 없는 토론이 이어질 수 있을까 걱정했지만, 그것은 기우였다. 갈수록 격렬해지고 토론은 끝없이 이어졌다. 회의장 뿐 아니라 만찬장에서, 뒷자리에서, 다시 숙소에서, 마지막 문화탐방을 하러 가면서도 내내 발표 내용에 대한 이야기였다. 이렇게 4일간, 잊을 수 없는 회의가 반도의 조그만 도시에서 진행되었다.

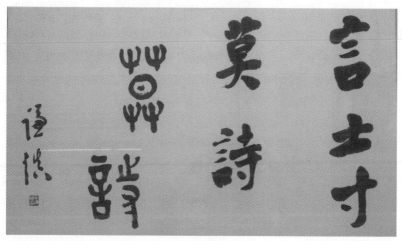

"말의 정련이 시가 아니다." 세계적인 중국학자 쿠빈 교수의 시론에 대한 강의를 하나의 이미지로 그린 백겸신 교수의 서예작품.(사진: 필자)

이때의 한 발표자로 나선, 독일 본(Bonn) 대학의 쿠빈(Wolfgang Kubin) 교수가 에즈라 파운드의 시가 서구에서 성공하게 된 연유를 밝힌 논문이었다. 그는 대단히 유명하여, 유럽 3대 중국학자이기도 하고, 중화인민공화국이 건국 60주년을 기념하여 뽑은 중국에 가장 영향을 끼친 외국인 10인의 한 사람으로 선정되기도 했다. 중미 수교를 성사시킨 헨리 키신저, 북경 올림픽을 선사한 사마란치 올림픽위원장 등과 어깨를 나란히 했다. 더구나 "중국의 현대 문학은 쓰레기다"는 도전적 선언으로 더욱 유명해 졌다. 왜 중국 현대문학이 쓰레기인지, 정말 그런지를 중국의 각 대학들은 청해서 들어야 했다. 그 덕에 중국의 거의 모든 대학에서 강연하며 한 해의 절반은 지상에서 절반은 비행기에서 보내야 했다.

그때는 우리 연구소의 두 번째 방문이었다. 처음은 2009년 서울대학에서 개최된 재외 국민 등을 위한 국제하계캠프에 초청되었을 때 한번 들렀다. 그는 '영어로 『논어』를 강의하는 독일인'이라는 호기심으로 언론의 주목을 받기도 했고, 우리 연구소 개소식에 와서는 '한자는 동양정신이 녹아 있는 중요한 문화자산'이라고 설파했다.

강의와 토론이 끝나고 잠시 쉬는 시간, 당시 보스톤 대학의 예술학과 종신교수로 있던 백겸신(白謙愼) 교수가 쿠빈의 강의를 듣고, 휴식시간에 그 내용을 한 장면으로 그려낸 것이 바로 이 작품이다. 세계적인 학자의 시론 강의를 세계적인 예술가가 하나의 이미지로 즉석에서 그려낸 명작이다. "말의 정련이 시가 아니다."

4. 시(詩)의 어원과 그 주변 글자들

쿠빈(Wolfgang Kubin, 顧彬, 1945~) 독일의 대표적인 중국학자이다.

정말 그럴까? 한자에서 시(詩)는 言(말씀 언)이 의미부고 寺(절 사)가 소리부인 구조로, 말(言)을 가공하고 손질하는(寺) 것이 바로 시(詩)라는 이미를 담았다. 즉 언어를 가공하여 정감을 표현해 내는 '시'라는 장르의 문학적 기교와 예술성을 강조한 글자이다. 그러나 시(詩)가 그전에는 『설문해자』의 이체자처럼 언(言)과 지(止: 가다)가 결합한 䛶(訨)로 써, '말(言)이 가는 대로(止) 표현하는 것'에서 '말을 인위적으로 가공하는' 것으로 변해왔음을 알 수 있다.

시(詩)를 구성하는 사(寺)는 매우 중요한 글자이다. 시(詩) 외에도, 時(때 시), 恃(믿을 시), 侍(모실 시), 待(기다릴 대), 特(수컷 특), 峙(우뚝 솟을 치), 痔(치질 치), 等(가지런할 등) 등 언뜻 보기에 연관이 적어 보이는 많은 중요한 글자들을 구성하기 때문이다. 그럼에도 이는 어원은 분명하지 않다.

사(寺)는 지금은 士(선비 사)와 寸(마디 촌)으로 구성되었지만, 그전에는 又(또 우)가 의미부이고 지(止)나 之(갈 지)가 소리부로, '어떤 곳으로 가서 일을 처리하다'가 원래 뜻이었고, 이후 '처리하다'는 일반적인 의미로 확장되었다. 이후 우(又)가 촌(寸)으로 변하고 지(之)가 사(士)로 잘못 변해 지금의 자형이 되었다. 지(之=止)는 어떤 정해진 곳으로 가는 것을, 손을 뜻하는 우(又)는 인간의 일이 대부분 손에 의존했기 때문에 '일하다'는 뜻을 갖는다. 그래서 사(寺)는 그러한 일을 처리함을 말했고, 임금을 곁에서 모시고 후궁의 일을 맡아 보던 그런 사람을 특별히 시인(寺人)이라 했다. 또 그런 관원들이 머무는 곳을 사(寺)라고 하였고, 이 때문에 관청이나 부서를 뜻하기도 했는데, 이때에는 '시'로 읽힘에 주의해야 한다. 한나라 때 불교의 유입 이후에는 불교 사원인 '절'도 지칭하게 되었다.

그래서 사(寺)로 구성된 글자들은 대부분 관리하다, 모시다, 관청 등의 뜻을 가진다. 예컨대, 持(가질 지)는 사(寺)에서 행위를 강조하기 위해 수(手)를 더해 분화한 글자이며, 侍(모실 시)는 '받들어 모시다'가 원래 뜻인데, '어떤 곳으로 가서 일을 처리하는(寺)' 사람(人)을 말했다. 옛날에는 이런 사람을 시인(寺人)이라 불렀고, 이로부터 곁에서 모시다의 뜻이 나왔다. 또 恃(믿을 시)는 '믿고 기대다'는 뜻인데, '어떤 곳으로 가서 일을 처리하는(寺)' 사람은 마음(心) 속에 항상 믿음이 있어야 하며, 믿음을 줄 수 있어야 한다는 의미를 담았다. 그리고 대(待)는 길(彳=行)에서 시중들다(寺)는 뜻으로부터 '기다리다', '초대(招待)하다' 등의 뜻이 생겼고, 이로부터 접대(接待)하다, 공급하다 등의 뜻도 나왔다.

그런가 하면, 時(때 시)의 경우 원래는 日(해 일)과 之(갈 지)로 구성되어 '태양(日)의 운행(之)'이라는 의미로부터 '시간'이라는 개념을 그려냈다. 이로부터 계절, 때, 역법, 시간(時間), 세월 등의 뜻이 나왔고, 시간을 헤아리는 단위로도 쓰였다. 그러나 이후 지(之)가 사(寺)로 바뀌어 지금의 시(時)가 되었는데, 여기에는 고대사회에서 시간이 조정에서 관리하는 왕의 전유물이었던 것임을 생각나게 한다. 즉 시간은 왕이나 왕조에서 관리하는 권력과 관련된 매우 중요한 상징물이었다. 특히 농경사회를 살았던 중국에서 농사에 필요한 역법의 제정과 달력의 반포는 왕의 의무이자 권리였으며 권위의 상징이었다.

예컨대, 閏(윤달 윤)은 왕(王)이 문(門) 안에 든 모습인데, 새해가 되면 정해진 역법에 따라 만들어진 '달력'을 왕궁의 문 앞에 서서 반포하는 모습을 담았다. 음력을 사용했던 중국에서 매년 남는 5일 이상의 자투리를 모은 윤달을 어디에 배치하는가가 중요했다. 갑골문에서는 달의 중간에 배치하기도 하였으나 연말에 배치하여 13월이라는 명칭이 등장하기도 하고, 심지어 14월이라는 이름도 보인다. 우리가 자주 쓰는 입춘(立春)이라는 단어도 사실을 봄의 시작점 즉 한해의 시작점을 확정한다는 의미이다. 그런 의미에서 입춘대길(立春大吉)과 짝을 이루는 건양다경(建陽多慶)의 건양(建陽)에 다름 아니다.

마찬가지로 等(가지런할 등)은 대(竹)를 쪼개 만든 죽간(竹簡)을 손으로 잡고(寺) 정리하는 모습을 그렸다. 옛날의 죽간은 관청의 주요 문서를 상징했고, 정리를 거친 죽간은 경전을 기록한 크고 질 좋은 것, 그다음의 것, 보통의 일반적인 것 등 내용에 따라 등급(等級)을 정하게 되기 때문에 '등급'이나 '무리' 등의 뜻이 생겼다. 이렇게 정리된 죽간은 이후 글을 쓰게 될 재료가 된다는 점에서 '기다리다'는 뜻까지 나온 것으로 추정된다. 또 庤(쌓을 치)나 峙(우뚝 솟을 치)나 跱(저축할 치) 등은 모두 관청의 곡식을 쌓아두는 곡식창고를 뜻하여, 각기 높게 솟은 건축물이나 저장고를 뜻하게 된 글자들이다.

5. 중국 시(詩)의 전통과 인식

'말의 제련이 시가 아니라면', 그럼 중국은 시가 무엇이라 생각했는가? 중국에는 『시경』이라는 중요한 유가 경전이 있지만, 시에 대한 정의는 사실 그 전부터 이루어졌다. 아마도 『상서·요전』의 언급이 처음이자, 중국의 전통을 열었을 것이다.

요임금이 그의 신하였던 기(夔)에게 말했다.

> 기(夔)야. …… 시는 뜻을 표현하고, 노래는 말을 읊조리며, 소리는 노랫가락에 의지하고, 악률은 소리에 화합한다. 팔음이 서로 화해하여 서로 다투지 않게 되고, 신과 사람이 화합하게 된다.

이후 『시경』의 최고 해설서인 한나라 때의 『모시(毛詩)』의 「관저」편에 대한 해설에서도 "시라는 것은 뜻이 가고자 하는 바이다. 마음속에 있게 되면 뜻이 되고, 말로 표현하게 되면 시가 된다." 한나라 때의 유명한 사전인 『석명』에서도 "시(詩)는 지(之)와 같아서 '가다'는 뜻이다. 뜻(志)이 가는 바를 말한다."라고 했다.

이것이 그 유명한 시언지(詩言志) 즉 "시란 뜻을 표현한다"라는 오래된 정의이자 시에 대한 인식이다. 본질론적 관점에서의 접근이다. 물론 이러한 뜻(志)에는 여러 가지 의미가 들어 있다. 작자의 생각일 수도, 작자의 포부일 수도, 작자의 바람일 수도 있다. 또 표현이란 것도 뜻의 표현일 수도, 사건의 기록일 수도, 감정의 표현일 수도 있다. 그러나 중국에서는 여전히 감정의 표현이 주를 이루었다. 이것이 바로 영사시나 역사시가 적은 이유이기도 하다.

이러한 전통 때문인지, 시는 사람과 사람을 연결하는 가장 중요한 매체가 되었다. 특히 공자가 『시경』을 정리하여 유가의 중요 경전으로 삼은 이후, 시는 한 인간을 판단하는 척도이자 교양의 상징으로 사회의 규범으로 기능했다.

공자는 시의 효용을 이렇게 말했다. "시는 마음을 일으키게 하고, 세상을 보게 하고, 사람들과 어울리게 하고, 사무친 감정을 풀어헤칠 수 게 한다.(詩可以興, 可以觀, 可以群, 可以怨.)" 이것이 그 유명한 '흥관군원(興觀群怨)'이라는 공자의 시론이다. 그가 말한 흥(興)은 인간의 감성을 격발하여 흥분하게 하는 것을, 관(觀)은 사회의 각종 현상을 예리한 눈으로 반영하여 그것의 진실과 흥망을 똑바로 볼 수 있게 하는 것을, 군(群)은 서로의 감정 교류를 통해 하나로 모이게 하는 것을, 원(怨)은 마음에 쌓였던 울분을 풀어 제치게 하는 기능을 말한 것이다.

여기에 그치지 않는다. 이어지는 말에서 "시를 배우면 가까이로는 부모를 섬기게 되고, 멀리로는 임금을 섬기게 되며, 날짐승과 길짐승, 풀과 나무의 이름까지 다양하게 알게 해준다(邇之事父, 遠之事君, 多識於鳥獸草木之名.)"라고 했으니, 효도하고 국가에 충성하고 박학다식하게 주는 만병통치약이었다. 그러니 어찌 시를 배우지 않고, 『시경』을 익히지 않으리오. 그래서 『시경』을 모르는 자와는 말도 섞지 말라고 했다.

6. 죽은 시인의 사회

이런 전통 때문일까? 유가가 오랜 세월 지배했던 동아시아에서는 시가 크게 유행했다. 조선시대에는 외교관이 갖추어야 했던 가장 큰 덕목중의 하나가 시였다. 개인도 크게 다르지 않았다. 학문을 조금이라도 하는 자라면 시를 지을 줄 알아야 했다. 국가 사절이 서로 만나도, 모르는 사람과 만나서도, 친구끼리도 만나도, 스승과 학생이 만나도, 서로 시를 짓고 나누며 교류하고 우정을 쌓았다. 지금도 곳곳에서 행해지는 시회(詩會)는 이런 전통을 반영한다. 그 덕에 한국도 시적 전통이 매우 강한 나라이다. 시집이 팔리지 않고, 시인이 먹고 살지 못한다고 아우성이지만, 그래도 시가 대접 받는 곳이 한국이다. 이것이 그나마 희망이다.

시는, 그리고 시인은 "속에 숨어 있던 마음을 일으키게 하고, 못 보던 세상을 보게 하고, 서먹한 사람들과 하나로 어울리게 하고, 가슴에 응어리졌던 울분을 풀어주게 하는" 그런 존재이자 사람이다. 시와 시인은 보통 사람이 발견하지 못하는 사물의 관계와 시점과 관점을 포착하고, 그것을 제공한다. 그래서 기존의 사고 체계나 방식에서 해방될 수 있도록 해 주는 존재이자 그런 능력을 가진 사람이다. 시가 예술의 꽃인 이유가 여기 있다.

한 사회를 정치가 지배하는 사회, 경제가 지배하는 사회, 문화가 지배하는 사회의 순으로 나눈 이도 있다. 시가 흥행하고, 시인이 존중을 받고, 나아가 예술이 존중받는 사회, 시를 사랑하고, 시인을 귀히 여기며, 나아가 예술을 즐기는 사회, 바로 그 사회가 아름다운 사회이자 진정한 선진국이다.

▍ 1990년 개봉된 영화 〈죽은 시인의 사회((Dead Poets Society))〉의 한 장면.

10-1		詩	诗, shī

簡牘文

說文小篆　　說文古文

'자연이나 인생에 대하여 일어나는 감흥과 사상 따위를 함축적이고 운율적인 언어로 표현하는 문학의 한 장르'로서의 '시'는 중국 문학의 대표적인 장르이다. 그것은 함축적이고 정형화된 자형을 가진 한자의 특징과 성조어인 중국어의 특징 때문에 그 어떤 다른 언어보다 의미를 함축적으로, 형식을 완전한 정형으로, 정교한 리듬을 가진 운율을 잘 표현해 낼 수 있었다.

이 때문에 한시는 엄격한 평측과 각운에 근거하여, 한 구(句)가 혹은 4자, 5자, 7자로 이루어지며, 4구로 이루어진 절구와 8구로 이루어진 율시와 길이에 제한이 없는 고시 등이 시대를 달리하며 발전했다.

중국에서는 시를 어떻게 정의했을까? 중국 최고의 시집인 『시경』에서 "시란 뜻을 말한 것이요, 노래란 말을 읊조린 것이다(詩言志, 歌永言)"고 했다. 즉 뜻이 나아가는 바가 바로 지(志)인데, 지(志)가 아직 밖으로 표현되지 않은 뜻을 말하고, 언어(言)로 그것을 표현한 것이 시(詩)라는 말이다.

한자에서도 시(詩)는 言(말씀 언)이 의미부고 寺(절 사)가 소리부인 구조이다. 그전에는 言과 之(갈 지)로 이루어져, 말(言)이 가는 대로(之) 표현하는 문학 장르라는 의미를 담았다. 이후 言과 寺의 구성으로 변하면서 말(言)을 가공하고 손질하는(寺) 것이라는 의미로 변화되었다. 그러나 '시'의 본래 정신은 단순이 말로 잘 표현하고 정교하게 가공하는데 있는 것이 아니라 '뜻을 표현한 것'에 있을 것이다.

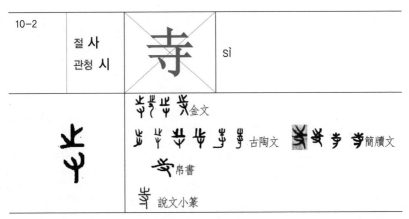

| 10-2 | 절 **사**
관청 **시** | 寺 | sì |

金文

古陶文　簡牘文

帛書

說文小篆

사(寺)는 '절' 즉 사원을 뜻하지만, 불교가 들어오기 전 사(寺)는 관청을 의미했다. 그래서 전자는 '사'로, 후자는 '시'로 구분하여 읽는다.

자형 구조를 보면 사(寺)는 원래 又(또 우)가 의미부이고 之(갈 지)가 소리부로 되어, 처리하다, '어떤 곳으로 가서 일을 처리하다'가 원래 뜻인데, 이후 又가 寸(마디 촌)으로 변하고 之가 土(선비 사)로 잘못 변해 지금의 자형이 되었다.

之는 어떤 정해진 곳으로 가는 것을, 손을 뜻하는 又는 인간의 일이 대부분 손에 의존했기 때문에 '일하다'는 뜻을 갖는다. 그래서 寺는 그러한 일을 처리함을 말했고, 임금을 곁에서 모시고 후궁의 일을 맡아 보던 그런 사람을 특별히 寺人(시인)이라 했으며 그런 관원들이 머무는 곳을 寺라고 하여 관청이나 부서를 뜻하기도 했다. 또 한나라 때 불교의 유입 이후에는 불교 사원인 '절'도 지칭하게 되었다.

사(社): 제사 공동체를 넘어서

'끼리끼리' 내부거래는 미래사회 진입 막는 장애물

사에 대한 존중만큼이나 사의 이름으로 행해지는 폭력·횡포 경계해야
중(中)처럼 과하지도 모자라지도 않는 관계 맺음의 윤리 지키는 게
중요

┃ 2001년 5월 유네스코 세계무형유산으로 선정된 종묘대제는 조선의 역대 왕과 왕비
  의 제사를 지내는 의식으로 매년 5월 첫째 일요일에 열린다.(사진: 월간중앙)

1. 개인의 희생

'꾀꼴꾀꼴' 꾀꼬리가 노래해요,
가시나무에 앉아서.
누가 '목공'을 따라 무덤으로 들어갔나요?
'자거' 집안의 '엄식'이가 따라갔지요.
그때 '엄식'이가,
우리 모두를 대신해 선택되었죠.
그는 무덤 입구로 다가가면서,
팔다리는 두려움으로 부들부들 떨고 있었지요.
저리도 창창한 하늘이,
우리의 모든 착한 양민들의 생명까지 앗아갑니다.
우리가 그의 몸값이라도 지불하고 살려낼 수만 있다면,
생명을 걸고서라도 그를 구할 사람이 백 명은 될 것이오.

영국 시인 웨일리(Arthur Waley, 1889~1966)가 번역한 『시경』의 「진풍
(秦風)」에 실린 「꾀꼬리(黃鳥)」라는 시의 일부이다. 기원전 621년, 춘추시대
진(秦)나라 군주인 목공(穆公)이 죽자 자거 집안의 아들들이 순장된 것을 슬
퍼하는 시다. 사마천의 『사기』에 의하면, 이 때 함께 순장된 사람은 무려
177명에 이른다고 한다. 순장제도는 노예제 사회에서 이루어졌던 극히 비인
간적이고 비극적인 풍습이 아닐 수 없다. 이 시는 생전에 신하로서 바쳤던
충성으로 만족하지 못하고, 임금이 죽자 살아있는 백성을 함께 생매장 하는
관습에 대한 슬픔과 애도로 가득 차 있다.

순장제도 하에서 누군가는 임금을 위해 죽어야 한다. 임금은 나라를 위
해 봉사하는 자리가 아니라, 온 백성의 우두머리였으니, 자신보다 높고 고귀
한 자를 위해서는 아랫사람의 희생은 당연하고도 필연적이었다. 그러므로

진나라의 군주가 죽었을 때, '엄식'이가 아니었다 해도, 누군가는 순장의 희생양이 될 수밖에 없었다.

그러나 산채로 묻히고자 무덤 속으로 들어갈 때 두렵지 않은 사람이 누가 있겠는가? 그래서 시는 "그는 무덤 입구로 다가가면서, 팔다리는 두려움으로 부들부들 떨고 있었지요."라고 노래했다. 또한 우리의 모든 착한 양민들의 생명까지 앗아가는 저 창창한 하늘(군주)은 무심함을 넘어서 반인륜적인 존재이며 원망의 대상임을 분명히 했다. 그리고 "우리가 그의 몸값이라도 지불하고 살려낼 수만 있다면, 생명을 걸고서라도 그를 구할 사람이 백 명은 될 것이오."라고 하면서, 우리를 대신해서 희생양이 된 '엄식'을 안타까워한다. 그러나 군주제 하에서, 군주에 항의하고 지배세력의 횡포를 횡포라고 주장할 수 있는 개인이나, 개인들의 모임 혹은 연합은 상상하기 힘들었다.

그래서일까? 동양의 역대 번역가들은 '이 엄식이여, 백부 중에 뛰어난 자로다. …… 만일 바꿀 수만 있다면, 사람마다 그 몸을 백번이라도 바치리라.'라고 웨일리와는 사뭇 다른 뉘앙스로 번역하고 있다. '뛰어난 자'로 해석된 원문은 특(特)인데, 특(特)은 원래 희생으로 선택된 특별한 소를 뜻한 글자이다. 그런데도 이를 뛰어난 자로 해석해, 혹시라도 희생으로 바쳐진 자가 선택되고, 그것이 훌륭한 행위로 해석될 여지를 남겼다. 이어지는 문구에서도 그럴 힘만 있다면 힘을 모아 그를 구해내겠다는 것이 아니라, 그를 대신해 누구라도 몸을 바칠 준비가 된 것처럼 포장했다. 이러한 번역 관행 속에는 왕권중심의 수직적인 위계사회에서, 군주를 위한 희생이 당연하고 고귀한 행위로 간주하고자 하는 전략이 숨어 있다.

그러나 왕권이 폐지되고 대의민주주의가 수입된 이후에도, 동양에서는 국가나 사회를 위한 개인의 희생이 덕목처럼 여겨지고, 개인 위에 공동체가 존재하고 그 위에 국가가 존재하는 것 같은 수직적 위계질서는 쉽게 사라지지 않고 있다.

2. 사회(社會)

인간은 사회적 동물이라 한다. 공동체와의 관계를 벗어나서는 살 수 없는 존재, 그것이 인간이다. 물론 4차 산업혁명시대가 되면서 공동체라는 것인 단순히 인간만이 아니라 인터넷과 기계인간의 가치가 더해가겠지만, 그것도 넓은 의미의 사회이니, 사회적 동물이란 말은 여전히 유효하다.

사회(社會)라는 말은 근대시기 일본을 통해 들어온 단어로 알려져 있다. 서구의 'society'의 번역어이다. 'society'가 동료, 협회, 동맹, 노동조합, 지역사회 공동체 등을 뜻하는 것을 보면 어떤 이익이나 공통된 목표를 위해 뭉쳐진 단체나 집단을 뜻하는 것으로 보인다. '자립된 개인'을 기초단위로 가지는 '사회'라는 의미가 생겨난 것은 서구에서도 근대 시기 이후라고 봐야겠지만, 근대 이전에도 서구의 'society' 개념 속에 종교적 색채는 별로 들어있지 않았다.

그래서 서구의 'society'라는 단어가 중국으로 들어왔을 때 중국인들은 종교적 색채가 든 사(社)로 번역하지 않고 이를 군(群: 집단)으로 옮겼다. 이 번역은 근대시기 뛰어난 번역가였던 엄복(嚴復, 1854~1921)의 것이지만, 그전 중국에 파견된 선교사들도 마찬가지였다. 메드허스트(W.H. Medhurst)의 『영화자전(英華字典)』(1847)에서는 '회(會)'나 '결사(結社)'로, 조금 뒤의 로브샤이트(W. Lobscheid)의 동명 『영화자전(英華字典)』(1866~1869)에서는 '일회(一會)' 등으로 번역했다.

중국에서 'society'를 일본과 달리 군(群)이나 '회(會)'나 '결사(結社)' 등으로 번역할 수밖에 없었던 것은 사회(社會)라는 단어가 일찍부터 중국에 존재해왔고, 의미도 전혀 달라 '종교 활동을 위한 회합'을 뜻했기 때문이다. 사실, 사회(社會)라는 단어는 이미 당나라 때부터 출현한 것으로 알려졌는데, 사(社)는 토지 신으로 상징되는 사당을, 회(會)는 회합을 뜻하여, 종교나 민속적 축제일이 되면 사당을 중심으로 모여서 함께 즐기는 회합을 말했다.

라틴어에서 '동료'를 뜻하는 'socius'에서 출발한 영어의'society'와 프랑스어 'societe'와는 전혀 다른 의미였다.

중국의 처지에서 보면, 서구의 'society'가 사회(社會)로 번역될 수가 없었고, 그래서 원의에 가까운 집단, 무리라는 뜻의 '군(群)'으로 번역되었다. 하지만 양무운동 등 서양의 문물을 수용해 부국강병을 이루고자 했던 근대화 운동의 분위기 속에서 일본의 번역어가 더 환영을 받아 지금에 이르렀다.

물론 일본도 사회(社會)라는 단어가 정착하기까지 그리 순탄하지만은 않았다. 일본에서는 'society'가 메이지 시대(1868~1912) 때 들어왔는데, 초기였던 1880년대에는 회사(會社), 교제(交際), 심지어는 세태(世態) 등으로 번역하는 등 무려 40여 가지의 번역어가 존재했다고 한다. 그것은 'society'가 갖는 근대적 개념의 '사회'를 일본 전통 사회의 개념으로는 이해하기도 받아들이기도 쉽지 않았기 때문이었다. 우리도 비슷해『삼국유사』등 전통적인 문헌에서의 사회(社會)는 중국처럼 '종교적 행사나 모임'을 뜻했다. 사회(社會)가 'society'의 번역어로 쓰인 것은 유길준의『서유견문』(1895)이 처음이라 하며, 그전 게일(J. S. Gale)의『한영자전(*English-Korean Dictionary*)』(1897)에서는 '제사'로 풀이하고 있다.(최정옥, 2017)

엄복(嚴復, 1854~1921). 중국 근대시기 최고의 번역가였다. 헉슬리의 『천연론(天演論, *Evolution and Ethics*)』 등 서양의 다양한 서적을 중국어로 번역하여 중국의 계몽에 기여했으며, 번역의 전범을 만들었다 평가된다.

3. 사(社)의 어원

사(社)는 土(흙 토)와 示(보일 시)로 구성되어, 토지(土)에 대한 숭배(示) 대상이라는 의미를 담아 '토지 신'을 뜻했다. 이로부터 토지 신을 모시는 제단이라는 뜻도 나왔다. 이후 토지 신을 모시는 축제일에 함께 모여 즐기는 '행사'를 뜻했다. 또 25가(家)를 지칭하는 지역 단위로 쓰였으며, 이후 어떤 단체나 사회(社會)까지 지칭하게 되었다. 농업 사회를 살았던 중국에서 토지의 중요성 탓에 곡식 신을 뜻하는 稷(기장 직)과 결합하여 '국가'를 상징하기도 했다. 한나라 때에는 수(水)가 더해진 사(祥)로 쓰기도 하는데, 토지 신(土) 외에 물의 신(水)에게 제사를 드림을 강조해, 농경에서 흙과 물이 갖는 중요성을 더욱 형상적으로 그렸다.

사실 중국에서 사(社)는 매우 오랜 역사를 갖고 있다. 전통적으로 좌묘우사(左廟右社)나 좌조우사(左祖右社)라는 말이 있는데, 주(周)나라 때의 전장제도를 규정한 『주례(周禮)·고공기(考工記)』에 나오는 말이다. "수도를 세울 때에는 가로 세로 9리 크기로 하고, 곁에는 문을 3개 만든다. 수도 안을 가로 세로 9영역 씩, 총 81개의 영역으로 만들고, 도로는 세로축을 9차선으로 만든다. 조상신을 모시는 사당은 왼쪽에 토지 신을 모시는 신전은 오른쪽에 만들며, 조정은 앞쪽에 시장을 뒤쪽에 건설한다." 수도 건설의 설계도인데, 이에 반드시 들어가야 할 건축물 중의 하나가 조상신을 모신 묘(廟)와 토지 신을 모신 사(社)였던 것이다. 조상신은 인간을 영속하게 해 주는 존재이며, 토지신은 인간을 먹고 살게 해 주는 신이다. 정착농경 사회에 일찍부터 진입했던 고대 중국에서 토지신이 조상신만큼이나 중요했던 이유이다. 『주례』의 「고공기」는 보수적으로 보아도 전국시대 때는 만들어졌다고 보아야 하니, 지금으로부터 약 2천5백 년 전의 기록인 셈이다.

그 전의 사(社)의 모습을 찾을 수 있을까? 찾는다면 어떤 모습이었을까? 1959년부터 1965년까지 3차례에 걸쳐 발굴된 강소성 서주(徐州) 북쪽의 동산현(銅山縣) 구만(丘灣) 상나라 때의 유적지에서 사(社)의 유적이 발굴되었다. 4개의 돌로 만들어진 '제단'이 발굴되었고, 큰 돌을 중심으로 당시 제사에 사용했던 것으로 보이는 20구의 인골과 12마리의 개 유골이 둘러싸여 분포하였다. 고고학자들은 이를 상나라 때의 사사(社祀) 즉 토지 신에 대한 제사 흔적과 그 제단으로 추정하였다. 현존하는 최초의 사(社)의 유적이고, 지금으로부터 3천5백 년 전쯤의 유적이다.

『논어』를 읽은 독자라면 「팔일(八佾)」편에서 노나라 애공(哀公)이 공자의 제자 재아(宰我)에게 토지 신을 모시는 사당에 대해 물은 것을 기억할 것이다. "하나라 때에는 신주를 소나무(松)로, 상나라 때에는 측백나무(柏)로, 주나라 때에는 밤나무(栗)로 만들었다."라고 했다. 사(社)의 역사가 상나라는 물론 그전의 하나라까지 거슬러 올라간다는 것인데, 적어도 상나라 때의 유적이 실물로 발견된 것이다. 다만, 신주는 나무가 아니라 돌로 했던 것이 더욱 원형에 가까워보인다.

토지 신을 모시는 사당의 신주가 돌이었다는 고대 기록도 자주 보인다. 예컨대, 한나라 때의 『회남자(淮南子)』에서는 "은나라 때의 예제에 의하면 돌로 사(社)[의 신주]를 만들었다"라고 했다. 또 『주례』의 「춘관(春官)」에도 "유사들을 이끌고 군대에 사(社)를 세웠다"라는 말이 보이는데, 한나라 때의 정현은 "사(社)에 놓는 신주(主)는 주로 돌로 만들었다."라고 했다. 허신(許愼)의 『설문해자』에서도 '오늘날 산양(山陽)에는 사당에 돌로 위패를 만드는 풍속이 있다'라고 하기도 했다. 한나라 때에 들면 돌로 위패를 만들던 관습은 이미 없었지만, 일부 지역에서 그 습속이 남아 있어 특별히 기록했던 것으로 보인다. 돌로 만든 위패를 뜻하는 석(祏)자는 이러한 전통을 반영한다.

이렇게 볼 때, 토지 신을 모시던 사(社)의 실물 유적이 상나라 유적에서 발견되었고, 『논어』의 언급처럼 그 연원은 중국에서 국가의 출현이라 일컬어지는 하나라까지 거슬러 올라갈 가능성이 크다. 게다가 신주로 나무보다는 돌이 먼저였을 것으로 보인다. 그것은 여러 문명에서 발견되는 선사 시대의 선돌(立石) 유적에서처럼, 처음에는 자연석을 원시 숭배 대상으로 삼던 데서부터 출발하여, 석실이나 석주로 시조나 토지신의 영혼이 머무는 곳으로 인식해 나갔던 것으로 보인다.

4. 농경사회의 가치관

사(社)는 이처럼 일찍부터 숭배대상이 되었고, 국가의 중요한 대표 건축으로 자리 잡았던 것은 '토지' 즉 '땅'이 갖는 상징성 때문이다. 앞에서도 누차 언급했지만, 중국은 세계에서 가장 일찍 정착농경에 진입한 문명의 하나이다.

농경은 농사를 사회의 주된 생산수단으로 하고, 정착농경은 이동이 아닌 한 곳에 정주하여 농사짓는 것을 한다. 그들에게 생명이었던 농사의 근원, '땅'에 대한 숭배, 그리고 농작물에 대한 숭배는 당연했다. 그리고 한곳에 머물러 살면서 축적된 경험이 그 사회를 지배하는 지식의 원천이었음도 쉽게 상상될 것이다. 이러한 흔적은 한자의 곳곳에서 찾을 수 있다.

즉, 땅에 대한 숭배는 사(社)에서 오랜 근원을 찾을 수 있었고, 곡식에 대한 숭배는 제(帝)나 화(華)나 영(英) 등에서 찾을 수 있고, 경험을 존중하는 가치는 장(長)이나 규(規)나 노(老) 등에서 찾을 수 있다.

먼저, '중화(中華)'라는 말에서 보듯, 화(華)는 중국을 지칭하며, 중국인들이 자신을 높여 부르는 말이기도 하다. 華(꽃 화)는 꽃이 흐드러지게 핀 모습을 그렸고, 이로부터 '꽃'을 뜻했는데, 이후 화(華)가 '중국'을 뜻하게 되자, 보통의 '꽃'은 花(꽃 화)를 만들어 분화했다. '꽃'을 뜻하는 화(華)가 '중국'을 대표하게 된 것은 농경사회의 식물 숭배, 즉 식물의 번식을 상징하는 '꽃'이나 '꽃씨'를 토템으로 삼고 숭배했던 전통 때문이다.

고대 중국에서 '최고의 신'을 뜻했던 帝(임금 제)도 마찬가지이다. 제(帝)는 크게 부푼 씨방을 가진 꽃의 모습을 형상했으며, 蒂(꼭지 체)의 본래 글자로 알려져 있다. 즉 갑골문에서 역삼각형으로 부풀어 있는 윗부분이 씨방이고, 중간 부분은 꽃받침, 아랫부분은 꽃대를 형상했다. '꽃꼭지'는 곡물 번식의 상징이다. 화(華)와 제(帝)에 담긴 '식물 숭배' 사상은 영(英)에도 담겨 있다. 英(꽃부리 영)은 '풀'을 뜻하는 초(艸)가 의미부이고 '중앙'을 뜻하는 앙(央)이 소리부로 '식물의 핵심 요소'인 '꽃부리'를 말한다. 『회남자(淮南子)』의 표현처럼 영웅을 뜻하는 여러 한자들, 즉 걸(傑), 호(豪), 준(俊), 영(英)

농경은 농사를 사회의 주된 생산수단으로 하고, 정착농경은 이동이 아닌 한 곳에 정주해 농사짓는 것을 의미한다. 이집트 벽화에 등장한 농경 모습.(사진: 월간중앙)

중에서도 최고의 글자이다. 이 때문에 영(英)은 영웅(英雄)이나 영재(英才)에서처럼 지금도 즐겨 사용하는 글자이며, 지금까지도 우리들의 이름자에서 남녀를 불문하고 애용되는 글자의 하나이다.

정착농경을 살았던 생태 환경적 배경은 여기에 그치지 않고, 가치판단에도 직접 반영되었다. 예컨대, 規(법 규)는 夫(지아비 부)와 見(볼 견)으로 구성되어, 법규(法規)나 규칙(規則)을 말하는데, 글자 그대로 성인 [지식층] 남성(夫)이 보는(見) 것이 바로 당시 사회의 잣대이자 '법규'였음을 말해 준다. 정착 농경사회에서 경험이 중시되었던 고대 중국에서는 성인 남성의 지혜를 최고의 판단 준거로 인식해, 성인 남성(夫)이 보고(見) 판단하는 것, 그것을 당시 사람들은 그들이 따라야 할 사회의 법도(法度)이자 규범으로 생각했던 것이다.

경험에 대한 이러한 존중은 장(長)과 노(老)에서도 확인할 수 있다. 長(길 장)은 머리칼을 길게 늘어뜨린 노인을 그렸고, 이로부터 '길다'는 뜻이 나왔다. 나이가 들어 자신의 머리를 정리하지 못하고 산발한 긴 머리칼은 나이가 많음의 상징이고, 이로부터 '연장자'를 지칭했다. 그 누구보다 오랜 세월 동안 겪었던 나이 많은 사람의 풍부한 경험은 매우 귀중한 지식으로 여겨졌다. 그래서 이러한 경험의 소유자가 그 사회의 '우두머리'가 됐고 지도자가 되었으며, 존중을 받았던 것은 당연했다. 지금도 각종 집단의 우두머리를 장(長)이라 하고, 멋진 사람을 '짱'이라 부른다.

마찬가지로 老(늙은이 로)는 장(長)에 지팡이를 짚은 모습이 더해진 글자
이다. 나이가 든 사람이 원래 뜻이고, 이로부터 늙다, 노련(老鍊)하다, '경험
이 많다'의 뜻이 나왔다. 나이 드는 것이 노련함과 완숙함의 상징이 되었다.
중국에서 스승을 뜻하는 라오스(老師 lǎoshī)도 이런 뜻의 반영이다. 이처럼
현대의 후기 산업사회와는 달리 정착 농경사회를 살았던 고대 중국에서 노
인은 지혜의 원천이었고 그 사회의 지도자였으며 대소사를 판단하는 준거를
제공하는 존재였다. 그래서 노인은 존경의 대상이었으며, 노인을 모시는 '효
(孝)'는 국가를 지탱하는 중심 이념으로 설정되기도 했다.

'장군애 암각화(將軍崖岩畫)'. 신석기 시대 유적지로 강소성 연운항(連雲港)시의 금병산
(錦屏山)에 있다. '풀에서 피어난 꽃'이 '사람의 얼굴을 한 모습'을 하였는데, 이는 '사람
이 식물에서 탄생'하였다는, 그래서 꽃을 그들의 토템으로 삼았던 원형의식을 보여주고
있다.

5. 사(社)의 제도화

제사를 중심으로 한 공동체를 뜻하는 사(社)는 주나라에 들면 본격적으로 제도화하기에 이른다. 알다시피 주나라는 본격적으로 농업사회에 진입한 사회이다. 주(周)라는 나라이름도, 주나라의 시조인 후직(后稷)도 그 이름에 그들이 농경사회를 근본으로 하였음을 보여준다.

주(周)는 稠(빽빽할 조)나 凋(시들 주) 등과의 관계를 고려해 볼 때 이는 농경지(田)에다 곡식을 빼곡히 심어 놓은 모습을 그린 것으로 보이며, 곡식을 밭에 빼곡히 심다, 조밀(稠密)하다가 원래 뜻으로 추정된다. 이런 주(周)가 왕조의 이름으로 쓰인 것은 주나라가 본격적으로 농경사회에 진입하였음을 반영한다. 그러자 원래 뜻은 禾(벼 화)를 더한 조(稠)로 분화함으로써 곡식(禾)을 빽빽하게 심어 놓은 것임을 더욱 구체화했다. 곡식을 심는 곳은 도성이 아니라 주변이었으므로 '주위'라는 뜻도 갖게 되었다.

주나라의 시조 후직(后稷)의 후(后)는 제왕을, 직(稷)은 곡식을 뜻한다. 그래서 '곡식의 신'이라는 뜻이다. 다만 '제왕+곡식'처럼 피수식어가 앞에 놓여, 구조가 지금과는 다르다. 지금이라면 '곡식+제왕'이 되어 '직후(稷后)'가 되어야 옳다. 이는 고대로 갈수록 '피수식어+수식어'의 구조, 즉 뒤에서 수식하는 구조를 많이 가졌던 중국어의 특징 때문이다. '농사의 신'을 뜻하는 신농(神農)도 '신+농사'의 구조로, 지금의 어순으로 하자면 농신(農神), 즉 '농사+신'이 맞다.

신에 의지하던 노예제 사회의 상나라를 이은 주나라는 본격적으로 농업기반 사회에 진입하여 토지개혁과 농업혁명에 기반을 둔 봉건(封建)사회를 구축하기 시작했다. 이는 제사공동체를 중심으로 한 혈연관계, 농경사회의 질서체계를 강조한 장자 계승제, 이를 기반으로 철저한 종법의 위계질서 확립 등이 그것이 될 것이다. 이들은 사(社)를 중심으로 한 종족 공동체 중심의 소목제(昭穆制), 장자(長)를 적통으로 하는 종법제(宗法制), 통치체계 간의 위계적 질서를 강조한 봉건제(封建制) 등을 주요 내용으로 하고 있다.

　　왕국유(王國維, 1877~1927)의 말처럼, 소목(昭穆), 종법(宗法), 봉건(封建) 제도는 주(周)나라 사람들의 발명이었고, 상나라와는 전혀 다른 제도들이었다. 그것은 농업혁명에 의한 농경사회의 본격 진입이라는 사회적 변화의 기초가 있었기 때문에 가능했다. 장광직(張光直, 1931~2001)의 말처럼, 폐쇄적인 내혼제 등에 의한 왕위 계승의 윤번제로 대표되는 소목제(昭穆制)는 '이원적 지도체제'(dualistic leadership)이며, 적자계승에 의한 대종과 소종의 철저한 분리를 말하는 종법제(宗法制)는 '분리된 종족제도'(segmentary lineage system)이며, 종법제에 의해 분리된 소종이 자신의 혈통의 구성원과 재화를 가지고서 영토를 분배받아 통치하는 봉건제(封建制)는 '분파 종족의 새로운 소국들을 통합시키는 제도'라고 할 수 있다.

6. 농경사회의 가치를 넘어서

❙ 영화 [4등]에서 코치 광수는 '때리는 선생이 진짜 스승'이라며 준호에게 지속적인 폭력을 가한다.(사진: 월간중앙)

제사공동체, 즉 사(社)를 중심으로 구축된 동양사회의 여러 전통은 뿌리가 깊다. 특히 사(社)에 뿌리를 두고 있다 할 혈연, 지연, 학연 등 인연을 소중히 여기는 문화, 장(長)과 노(老)로 상징되는 경험을 존중하는 문화, 규(規) 등으로 상징되는 경험적 주관적 가치관 등은 동양의 특징으로 인식된다. 이러한 전통에서 우리가 그 장점을 되살려낼 때, 단점 보다는 장점이 더 많을 수 있다. 하지만 무엇이든 과하면 독이 되는 법이다.

학연, 지연, 혈연이 단순히 사회에서 주변 사람과의 인연을 소중히 여기는 에토스(ethos)를 넘어서, 타인을 배제하는 끼리끼리의 문화로 발전하고, 장(長)과 노(老)로 상징되는 경험을 존중하는 문화가 수직적 위계질서를 강화하고, 윗사람에게 아랫사람이 무조건 복종하는 상명하복의 문화로, 규(規)가 성인 [지식층] 남성(夫)이 보는(見) 것이 바로 사회의 잣대이자 '법규'라는 지배층 중심의, 남성중심의 문화를 강화하는 방향으로 나간다면, 그것은 곤란하다.

끼리끼리 문화, 내부 거래, 획일화, 나아가 체면과 관계로 얽힌 사회 등은 미래사회로 가는데 큰 장애가 될 것이다. 특히 4차 산업혁명시대를 사는 데는 치명적 약점이 될 수 있다. 이제 농경사회를 기반으로 형성된 여러 가치관과 사회적 습속들을 타파하고 새로운 시대로 나가야 할 때이다. 그래야 선진 시민이 될 수 있다. 그러나 체면과 관계, 타자의 판단을 통한 자신의 평가 등이 항상 부정적으로 기능했던 것만은 아니다. 남들과의 관계를 위해 양보하며 겸양하며 일방적 지배와 폭력을 제어해 온 것은 동양의 훌륭한 미덕이라고도 할 수 있을 것이다.

중용(中庸)의 중(中)처럼 모자라지도 과하지도 않은 적정하고도 정확한 선을 지켜내는 것, 과하지도 모자라지도 않는 관계맺음의 윤리를 지켜는 것은 언제나 중요하다. 사(社)에서 비롯된 전통에 대한 존중만큼이나 중요한 것은 사(社)의 이름으로 우리 공동체 바깥의 타자에 대한 폭력이나 횡포를 정당화하고 있지 않은 지, 제사공동체로 형성된 에토스(ethos)가 윤리가 아니라 폭력으로 이어지지 않는지, 그리고 그것이 우리도 모르는 사이에 저지르는 인식의 폭력(epistemic violence)으로 이어지지는 않는지, 끊임없이 경계하고 자기반성을 게을리 하지 않아야 할 것이다. 중용(中庸)의 중(中)이 오늘날에도 여전히 유효한 가치로 작동하는 이유가 여기에 있다.

○ 어원해설 ○

11-1	토지신 **사**		[祐], shè

 甲骨文 金文

帛書文 簡牘文 汗簡

說文小篆 說文古文

사회(社會)를 뜻하는 사(社)는 역사가 오래된 한자이다. 정착 농경을 그 어떤 문명보다 일찍 시작했고 화려한 농경문화를 꽃피웠던 중국에서 '땅'은 모든 만물을 키우는 어머니였고, 토지에 대한 애착은 남다를 수밖에 없었으며, 이를 숭배대상으로 삼았을 것임은 쉬 이해간다.

사(社)는 土(흙 토)와 示(보일 시)로 구성되어, 숭배(示) 대상으로 삼는 토지(土) 신을 말하며, 이로부터 토지 신을 모시는 제단이라는 뜻도 나왔다. 또 25家(가)를 지칭하는 지역 단위로 쓰였고, 이 때문에 어떤 단체나 社會(사회)를 지칭하게 되었다.

농업 사회를 살았던 중국에서 토지의 중요성 탓에 곡식 신을 뜻하는 稷(기장 직)과 결합하여 '국가'를 상징하기도 했다. 달리 祐로 쓰기도 하는데, 토지 신(土)과 강 신(水·수)에게 제사를 드림을 강조했다.

11-2			
길 **장**	長	长, [镸], cháng, zhǎng	

甲骨文 金文

古陶 簡牘文

帛書

說文小篆 說文古文

　　장(長)은 여러 가지 뜻을 가진다. '길다'는 뜻이 기본이지만, '자라다', '나이가 많은 사람', '위사람', '우두머리' 등의 좋은 뜻을 가진다. 오늘날의 '최고나 우두머리를 속되게 이르는 말'인 '짱'도 여기서 근원한 것으로 보인다.

　　장(長)은 갑골문에서 머리칼을 길게 늘어뜨린 노인이 지팡이를 짚은 모습을 그렸는데, 때로 지팡이는 생략되기도 한다. 긴 머리칼은 나이가 들어 자신의 머리를 정리하지 못하고 산발한 것으로, 성인이 되면 남녀 모두 머리칼을 정리해 비녀를 꽂았던 夫(지아비 부)나 妻(아내 처)와 대비되는 모습이다.

　　이로부터 長에는 長久(장구)에서처럼 '길다'는 뜻과 長幼(장유)에서처럼 '연장자'라는 뜻이 생겼다. 정착 농경을 일찍부터 함으로써 경험이 무엇보다 중시되었던 중국에서, 그 누구보다 오랜 세월 동안 겪었던 나이 많은 사람의 다양한 경험은 매우 귀중한 지식이었기에, 이러한 경험의 소유자가 그 사회의 '우두머리'가 됐던 것은 당연했다.

　　장(長)은 다른 글자와 결합할 때는 镸으로 쓰기도 한다. 현대중국의 간화자에서는 초서체로 간단하게 줄인 长으로 쓴다.

11-3	늙을 로	老	lǎo

老 甲骨文　金文

古陶文　簡牘文

說文小篆

노(老)는 '늙다'는 뜻이지만, 동양에서는 노련하다는 뜻을 가진다. 한곳에서 이동 없이 생활하는 정착 농경을 살았던 곳이기에, 경험이 매우 중요했고 지식의 원천도 경험에 있었다. 그래서 나이가 든 사람의 경험은 중시되었고, 노인은 사회의 지도자로 존중받았다.

노(老)는 갑골문에서 긴 머리칼과 굽은 몸, 내민 손에 지팡이를 든 모습이 상세히 그려졌다. 머리에는 어떤 특수한 모자를 쓴 것처럼 그려졌다. 금문부터는 지팡이가 匕(될 화)로 변했는데, 이는 化(될 화)의 생략된 모습이며 '머리칼'이 하얗게 변했다는 의미를 담고 있다고 풀이할 수 있다.

나이가 들다가 원래 뜻이고, 이로부터 늙다, 老鍊(노련)하다, '경험이 많다'의 뜻이, 다시 오랜 시간, 언제나 등의 뜻이 나왔다. 현대 후기 산업사회에서 노인은 생산력을 상실한, 그래서 사회의 유지에 부담을 주는 존재로 전락하고 있지만, 정착 농경사회를 살았던 고대 중국에서 老人(노인)은 지혜의 원천이었다. 축적된 경험이 곧 지식이었던 사회에서는 풍부한 경험을 확보한 노인은 그 사회의 지도자였고 대소사를 판단하는 준거를 제공했다.

그래서 노인은 존경의 대상이었으며, 그 때문에 노인에 대한 구분도 상세하게 이루어졌다. 노인(老)을 몇 살부터 규정했는가에 대해서는 의견이 분분하지만, 일반적으로는 쉰 이상을 부른 것으로 알려졌다. 나이 쉰이 되면 신체가 쇠약해지며, 예순이 되면 노역이 면제되는 대신 국가에서 받았던 농지도 반환해야 했으며, 일흔이 되면 모든 일에서 은퇴하는 것이 고대 중국의 관습이었다. 老는 나이 든 모든 노인을 포괄하는 통칭이었다. 이러한 노인들은 개인은 물론 국가에서도 모시고 봉양해야만 하는 대상이었으며, 노인을 모시는 '孝(효)'는 국가를 지탱하는 중심 이념으로 설정되기도 했다.

12

사(師): 군사 지도자에서 진정한 스승으로

인간 나아갈 길 전수하고, 해야 할 일 가르치는 존재

지위·신분·나이 떠나 도(道) 갖췄다면 스승의 자격 충분
진정한 사표 찾아 의문 해소하고 미래의 예지 배워야

조선시대 책씻이를 재현한 이벤트. 이 행사는 조선시대 서당 등 교육기관에서 『천자문』『동몽선습』 등을 다 배운 뒤 송편 등 떡을 준비해 스승의 노고에 보답하는 풍속이다.(사진: 월간중앙)

1. 사도(師道): 스승의 길

> 옛날부터 배우는 사람이라면 모두 스승을 모셨다.
> 스승이란 도를 전수하고, 전문지식을 가르치며, 의문을 풀어주는
> 존재이다.
> 사람이란 태어나면서 다 아는 존재가 아닐진대 어찌 의문이 없
> 는 사람이 있겠는가?
> 의문이 있는데도 스승을 모시지 않는다면, 그 의문은 영원히 풀
> 수 없으리니.
> 古之學者必有師.
> 師者, 所以傳道受業解惑也.
> 人非生而知之者, 孰能無惑?
> 惑而不從師, 其爲惑也, 終不解矣.

당나라를 살았던 한유(韓愈, 768~824)가 당시 배움을 경시하는 세태의
천박함에 작심하고 쓴 「스승의 길(師道)」에 나오는 시작부분이다. 중국 전통
에서 '배움'은 대단히 중요했다. 유가 경전의 최고점을 차지하고 있는 『논어
』도 그 시작이 다름 아닌 학(學)과 습(習), 즉 학습이 아니던가? "배워서 수
시로 그것을 익힌다면 그 또한 즐거운 일이 아닌가?(學而時習之, 不亦說
乎?)"

그래서 한나라 이후 유가가 전통으로 자리 잡았던 중국은 물론 한국과
일본 등 유가 문화권에서 최고의 화두는 배우고 익히는 것, 학습이었다. 모
름지기 사람으로 태어났다면 쉼 없이 배우고 익혀야만 하는 것이 동양적 전
통이었고 그것이 생활을 지배했다. 왕실의 최고 지배자나 관료, 사대부 등
지식층은 말할 것도 없고, 일반 백성들도 이를 신봉하고 실천하였다. 그리하
여 이는 절대적 가치가 되었고, 중요한 전통으로 남았다.

동아시아를 사는 모든 이들에게 지상과제가 된 '배움', 그런 배움에 스승이 존재하지 않을 수 없다. 그래서 모든 사람은 스승을 모시고 살았고, 좋은 스승을 찾고자 천하를 헤맸으며, 스승을 더없이 높이고 존중했다. 공자도 말했듯, 태어날 때부터 모든 것을 알고 나지 않는 존재가 인간일진대 사람이라면 살아가면서 끊임없는 의문에 부딪힐 수밖에 없고, 그 의문은 스승의 도움을 받아 풀어나갈 수밖에 없다.

한유는 인간이 살아야 할 길이 무엇인지를 전수하고, 각자가 해야 할 일이 무엇인지를 가르쳐주고, 끊임없이 일어나는 의문을 풀어주는 존재가 스승이라고 정의했다. 그것이 스승의 임무였고, 그런 임무를 수행할 때 진정한 '스승'이었다. 지금 보아도 명쾌하고 철리적인 정의가 아닐 수 없다.

1천 년도 더 지난 오늘날, 더구나 21세기 4차 산업혁명이 시작된 이 시대, 이 글을 다시 호출하는 것은 교육 강국이자 교육 하나에 기대어 현대를 일구어 온 위대한 대한민국이 처한 오늘의 모습이 한유가 '스승의 길'을 선언했던 당시와 너무나 닮아 있기 때문이다. 이 시대 우리는 과연 인간 본연의 임무가 무엇인지, 내가 해야 할 일이 무엇인지, 풀지 못하는 의문을 풀고자 최선을 다하고 있는가? 인류 미래의 길을 인도하고 갖가지 의문을 풀어줄 스승을 찾아 헤매기나 하는가? 이런 정신을 진정으로 실천하는 진정한 스승은 이 땅에 존재하기나 하는가? 우리 모두가 과연 그런 '스승'과 '학생'으로 살아가고는 있는가?

2. 사(師)의 어원: 뛰어난 군사 지도자

사(師)는 갑골문에서부터 등장하는 오랜 역사를 가진 글자이다. 지금의 사(師)는 帀(두를 잡)이 의미부이고 自(군사 사)가 소리부인 구조로, 군사, 군대, 지도자, 스승을 뜻하지만, 갑골문에서는 잡(帀)이 빠진 사(自)로만 썼다. 사(自)는 갑골문 당시에 이미 부대, 군대의 편제단위, 직책(관리책임자), 지명 등으로 쓰였다. 그래서 군대나 군사와 관련된 의미가 초기 뜻이다. 갑골문이 사용되었던 상나라 때 삼사(三師: 좌사, 중사, 우사의 세 편대)라는 말도 등장하고, 사반(自般)이나 사저(自貯)에서처럼 어떤 전문적인 직무를 책임지는 대표자를 지칭하기도 했다.

모범·기술자·가르치다 등 의미로도 사용

사(師)의 원형으로 등장하는 사(自)의 어원에 대해서는 의견이 분분하지만, 이를 가로로 눕히면 구(丘=邱)가 되어 구릉(丘陵)을 뜻하기에, '작은 언덕'을 그린 것으로 추정하는 것이 일반적이다. 사(自)의 의미 파생은 갑골문이 사용되었던 상나라의 지리적 환경과 연계되어 있다. 그곳은 산이나 강이 많은 우리와는 달리 황토 평원이 끝없이 펼쳐진 중국의 중원 지역이다. 높은 산이 없기에 '언덕'이나 나지막한 '구릉'이 여러 특수한 기능을 담당해 왔다. 황하의 잦은 홍수로부터 침수를 막아 주기도 했으며, 주위에서 쳐들어오는 적을 조기에 발견하여 대비할 수 있도록 해주기도 했다. 심지어는 높은 '산'처럼 하늘과도 통할 수 있는 신령스러운 곳으로 생각하기도 했다.

갑골편의 중간 부분에 왼쪽으로부터 오른쪽으로 이렇게 기록되었다. "정유일에 물어봅니다. 왕께서 우사·중사·좌사의 삼사를 만들까요?"(丁酉, 貞: 王作三師右·中左.) 『갑골문합집』 제33006편.

그래서 고대 중국인들은 이러한 나지막한 언덕에다 살아서의 근거지인 성(城)을 세웠고, 죽어서도 살아갈 왕릉(王陵)을 만들었다. 나라의 중심 되는 곳이 도성(都城)이었고, 삶의 근거지가 성이었기에, 그곳은 군사(軍師)들이 에워싸 지키기 마련이었다. 그래서 사(師)에 '군사(軍師)'라는 뜻이 생겼다. 옛날에는 2천5백 명의 군대를 사(師)라고도 했는데, 오늘날의 사단(師團)의 유래가 된 지점이기도 하다. 금문에 들면서 이러한 의미를 더 강조하기 위해 '사방으로 둘러치다'는 뜻의 잡(帀)을 더해 지금의 사(師)가 되었다.

　　이렇게 볼 때, 사(師)의 원래 뜻은 성이 자리한 언덕(𠂤)을 에워싼(帀) '군대'가 원래 뜻이다. 이로부터 사단(師團)이나 삼사(三師)에서처럼 군대의 단위를 나타내기도 했고, 경사(京師)에서처럼 '수도'를 뜻하기도 했다. 또 고대사회로 갈수록 군대의 존재가 더욱 중요했기에, 사(師)는 군사편제에 기초한 행정단위를 지칭하기도 했다. 『상서대전(尙書大傳)』에 의하면, 8가구(家)가 1린(隣)이 되고, 3린이 1붕(朋)이 되며, 3붕이 1리(里)가 되고, 5리가 1읍(邑)이 되며, 10읍이 1도(都)가 되며, 10도가 1사(師)가 되는데, 1주(州)에 12사(師)가 설치되었다고 한다. 이 계산대로라면 사(師)는 3만6천 가구를 지칭했으니, 꽤나 큰 행정단위를 지칭하였음이 분명하다.

　　이후 군대의 지도자라는 의미까지 나왔고, 이로부터 노사(老師)나 사범(師範)에서처럼 스승이나 모범 등을 뜻하게 되었고, 다시 의사(醫師)에서처럼 어떤 전문적인 기술을 가진 사람을 부르는 말로도 쓰였다. 또 동사로도 쓰여 '가르치다'는 뜻으로도 쓰였다. 현대 중국의 간화자에서는 사(𠂤)를 간단히 줄인 사(师)로 쓴다.

한유(韓愈, 768~824). 당나라 때의 저명한 문학가이자 철학자, 정치가였다. 문장이 뛰어나 당송 8대가의 한사람으로 추앙되었다. 선진과 양한 시대의 소박한 문장으로 돌아가자는 '고문운동'을 주창했으며, 불교의 병폐를 지적하면서 원시 유가로의 회복에 앞섰다.

3. 번역어로서의 사(師): 사자(獅)

'사자'는 우리가 사는 이 지역에 자생하는 짐승이 아니다. 그러나 우리에게 매우 익숙한 동물이며, 역사적으로도 다양한 문화적 상징과 함께 여러 곳에 등장한다. 그러나 사자가 언제 어디에서 어떤 경로를 통해 여기로 들어왔을까를 묻는다면 그다지 쉽게 대답할 수 있는 문제는 아니다.

역사 문헌을 살피면, 『후한서·반표전(班彪傳)』에서 '사자'가 처음으로 등장한다. "[한나라 화제가 즉위한 해] 월지국(Indo-Scythians)이 한나라를 도와 거사국을 공격하는데 공을 세웠다. 그 해(88년) 월지국에서 진귀한 보물과 부발(符拔: 꼬리가 긴 사슴 비슷하게 생긴 짐승)과 사자를 공물로 보내왔으며, 이를 계기로 한나라의 공주를 원했다. 그러나 반초는 이를 거절하고서 사신을 되돌려 보냈다. 이러한 일이 있고 나서 두 나라는 서로 원한을 갖게 되었다." 또 『후한서·순제기(順帝紀)』에서는 "양가(陽嘉) 2년(133년) 카슈가르(Kashgar)에서 사자와 낙타를 보내왔다"라고 했다. 또 다른 기록도 있다. 547년에 완성된 『낙양가람기(洛陽伽藍記)』(제3권)에 의하면, "사자는 페르시아((Persian)의 왕이 헌상한 것이다"라고 했다. 이러한 자료에 근거해 볼 때 '사자'는 후한 때인 서기 100년 전후로 해서 중앙아시아의 월지국이나 카슈가르, 혹은 페르시아에서 실크로드를 통해 처음 중국으로 들어온 것으로 보인다.

'사자'가 처음 중국에 들어왔을 때, 그들은 처음 보는 이 특이한 짐승을 어떤 한자로 표현했을까? 고민이 많았을 것으로 보인다. 당시의 기록을 보면, 사자를 사(師)로 표기했는데, 지금의 사(獅)에서 '짐승'을 뜻하는 견(犬=犭)이 빠진 모습이다. 사(師)는 당시 사자가 들어왔던 지역의 독음을 그대로 번역한 결과로, 음역어였다. 물론 이론은 있지만, 당시 이란어에서는 사자를 '사러(śarγ)', 소그디아 어(Sogdian)에서는 '*스러(*šrγw)'나 '*사러(*šarγə)' 등으로 불렸을 것으로 추정되는데, 사(師)는 이의 대역음으로 보고 있다.(나상배, 『언어와 문화』 참조)

│ 하남성 남양(南陽) 한대(漢代) 화상석(畫像石)박물관 소장 '사자' 각석. 70*118센티미터. 남양시 형영묘(邢營墓) 출토. 머리는 긴 털로 덮였고, 구레나룻이 그려졌고, 꼬리는 위로 치켜 올렸다. 입을 크게 벌리고 무엇인가를 물 듯 사납게 공격하는 모습을 생동적으로 그렸다.

　　사자가 처음 한나라 조정에 헌상됐을 때의 사자의 모습을 이렇게 묘사했다. "호랑이와 비슷한데, 앞쪽은 누른색에다 구레나룻 수염이 있었고 꼬리 끝에는 털이 커다랗게 났다." 처음에는 음역하여 단순히 사(師)로 표현했으나, 이후 견(犬)을 더한 사(獅)로 발전하였는데, 이렇게 해서 외래어적인 모습을 감추었다. 더욱 중국화하고 현지화한 결과이다. 의미와 독음의 결합으로 이루어진 '형성자'가 한자의 대표적인 구조이기 때문에, 상형이나 회의나 불완전한 형성자는 더욱 완전한 형성구조로 가는 것이 중국화의 길이었기 때문이다. 그렇게 하여 사(獅)는 묘하게도 백수(百獸)의 우두머리로 최고가 는(師) 동물(犭=犬)이라는 뜻을 담았고, 중국의 정서에 더욱 부합하여, 원래부터 중국 한자였던 것처럼 위장하여 잘 살아남을 수 있었다.

4. 사(師)의 변천: 군사 지도자에서 진정한 스승으로

한 대학교 교수들이 스승의 날을 맞아 등굣길 학생들에게 장미를 한 송이씩 나눠주고 있다.(사진: 월간중앙)

고대 중국사회에서 가장 중요한 일이었다고 하는 '전쟁과 제사', 그 중에서도 전쟁은 국가의 존망을 결정하고, 백성들의 생존을 결정짓는 중대사였다. 그래서 『손자병법』에서도 그 시작부터 이렇게 선언했다. "전쟁이라는 것은 나라의 큰일이요, 생사의 근거이자, 존망의 길이다. 그러니 잘 살피지 않을 수 없다." 그런 까닭에 "다섯 가지 일로써 경영하고, 계책을 갖고 비교하여, 그 정황을 모색해야만 하는데, 첫 번째는 도(道)요, 두 번째는 하늘(天)이요, 세 번째는 땅(地)이요, 네 번째는 장수(將)요, 다섯 번째는 군법(法)이다."라고 했다.

손자가 제시했던 병법의 다섯 가지 요체 중, 사람이 할 수 있는 첫 번째가 전쟁을 이끌 지도자 '장수'였다. 게다가 훌륭한 장수라면 그보다 앞서는 도(道)와 천(天)과 지(地) 모두를 꿰뚫어보는 존재여야 했을 것이다. 원시 수렵사회에서는 적이나 야수의 침입을 먼저 알아내고 대처할 수 있는 특이한 능력의 소유자가 '지도자'였을 것인데, 성(聖)자는 이를 잘 반영한다. 성(聖)은 원래 지금과는 달리 口(입 구)가 빠진 耳(귀 이)와 壬(좋을 정)으로만 구성되어, 귀를 쫑긋 세우고 발돋움을 하고 선(壬) 사람을 그렸는데, 귀(耳)는 '뛰어난 청각을 가진 사람', 즉 외부의 침입자를 조기에 발견하여 구성원을 지켜줄 수 있는 존재를 상징한다.

갑골문 당시의 고대사회에서는 최고지도자이자 군대의 총사령관이 임금이었듯, 군사지도자는 최고의 지위와 권력의 상징이었다. 이후 국가의 존망을 결정하고 생사의 근거가 되었던 전쟁을 승리로 이끌 지도자는 최고의 지혜를 가진 식자의 상징이 되지 않을 수 없었다. 이렇게 해서 사(師)는 군사지도자에서 출발하여 철학자를 거쳐, 학문을 전수하는 존재에서 뭇사람들의 도덕적 모범이 되는 존재로 발전했다. 나아가 다시 전문 지식을 강의하고 학생을 키우는 전문인을 지칭하기까지, 사(師)는 다양한 의미 변천을 경험했으며, 그에 따른 여러 명칭도 존재했다.

도덕규범의 임무도 더해져

군사 지도자에서 출발한 사(師)는 공자(孔子) 시기에 이르러 학술의 전수자로 변해간 것으로 추정된다. 공자는 중국 역사에서 처음으로 학생들을 개인적으로 모아 교육하여 교육의 대중화에 힘쓴 사람이다. 그는 다양한 계층의 사람을 모아 자신의 이상과 세상을 이롭게 할 보편적 가치는 물론 인간이 살면서 사색하고 실천해야 할 일을 학생들에게 전수했다. 그래서 사표(師表: 학식과 독행이 높아 남의 모범이 될 만한 사람)라는 말이 나왔다. 한나라에 들면서 유가사상이 지배 이념으로 채택되었고, 유가의 주요 경전을 전문적으로 담당할 오경박사가 만들어지면서 사(師)에는 전문지식을 체계화하고 전수하는 임무가 더해졌다. 그 후 전문지식이 사(師)의 중요한 요소로 기능했다. 그러다 당나라에 들어 한유의 「사설」이 나오고부터는 사(師)에는 전문 지식의 전수 외에도 사회의 모범적 인격을 갖춘 도덕규범으로서의 임무가 더해졌다. 그리하여 '스승'은 더없는 특수한 지위를 부여받았다. 공자를 지칭하는 말이기도 한 만세사표(萬世師表)에서처럼 스승은 만세토록 칭송될 높은 학문과 덕행을 함께 갖추어야만 하는 존재가 되었다.

스승에게 상석 권한 한나라 황제

특수한 지위를 가진 존재였던 만큼, '스승'에 대한 명칭도 다양했다. 역사적으로 가장 보편적 명칭은 우리말에서처럼 선생(先生)이었고, 이에 준하는 말로 노사(老師)가 있다. 선생(先生)은 '먼저 난 사람', 노사(老師)는 '나이가 들어 노련한 스승'이라는 뜻을 담았는데, 모두 경험도 많고 그것이 지식과 지혜의 원천이라는 농경사회의 전통이 반영된 명칭이다. 사장(師長)은 스승을 최고의 우두머리로 모신다는 뜻을 담았고, 사부(師父)는 스승을 부모와 동일시한 명칭이다. 사부(師傅)는 왕세자의 교육을 전담했던 태부(太傅)라는 명칭에서 보듯 스승을 존중하여 불렀던 명칭이다. 이외에도 한나라 때부터 등장한 박사(博士), 송나라 때부터 등장한 교수(敎授), 산속에 자리한 서원에서 강의하는 스승이라는 뜻을 반영한 산장(山長)이라는 명칭도 등장했다.

그러가 하면 서석(西席)이나 서빈(西賓)이라는 말도 있다. 글자 그대로 '서쪽에 앉은 사람'이나 '서쪽에 앉은 귀빈'이라는 뜻인데, 재미난 유래를 담고 있다. 한나라 명제(明帝) 유장(劉莊, 28~75)은 황제가 되고서도 옛 스승이었던 환영(桓榮)을 몹시 흠모하고 존경했다. 한번은 스승의 강연이 열린다는 소식을 듣고 찾아가, 황제의 신분이었음에도 환영을 상석인 서쪽 자리에 앉게 하고, 자신은 동쪽에 앉아 스승을 존중하였다는 고사에서 유래한다. 환영이 죽었을 때도 장례식에까지 직접 참여할 정도로 명제는 환영을 흠모하고 존중했다고 한다.

북경의 공자묘에 내걸린 '만세사표(萬世師表)'. 청나라 강희(康熙) 황제의 글씨로 알려져 있다.

5. 공부(工夫)와 학습(學習)

동아시아가 세계에서 가지는 중요한 특징의 하나가 학습에 대한 열망과 중시임은 분명해 보인다. 여기서는 유학 이념에 따라 일찍부터 과거제를 도입했고, 국가가 필요로 하는 인재를 시험에 의해 뽑아 썼기에 유가 경전에 대한 공부는 인생을 결정하는 요소가 되었다. 이 체제에서, 이 사회에서 공부는 신분상승의 결정적 요소가 되었는데, 지금도 학벌이 지배하는 전통은 이를 반영한다. 이러한 전통이 공부 열풍을 만들었을 것이다. 물론 일본은 조금 다르긴 하지만, 중국도 한국도 베트남도 국가가 필요로 하는 지식을 측정하는 시험이라는 과거제에 의해 관료제가 유지되었다.

공부(工夫)는 중국어에서는 공력이나 시간을 뜻하지만, 한국에서는 '공부'를 뜻하는 우리만의 고유한 뜻을 담은 한자어이다. 글자 그대로 푼다면, 공(工)은 도구나 장인을 뜻하여 장인처럼 '전문성'을 말하고, 부(夫)는 성인 남성을 뜻한다. 그래서 '배우는 것'을 공부(工夫)라고 하지만, 이에는 전문성과 남성의 전유물이라는 흔적을 담고 있다.

중(中)-모방, 일(日)-노력, 한(韓)-전문성 강조

이에 비해, 현대 중국에서는 학습(學習 xué xí)이라고 하는데, 학(學)은 집 안(宀)에서 두 손(臼)으로 새끼 매듭(爻) 지우는 법을 아이(子)가 배우는 모습을 그렸다. 문자가 만들어지기 전 기억의 보조 수단이었던 새끼 매듭(결승) 짓는 법을 배우는 모습을 반영했다. 배우다가 원래 뜻이며, 모방하다, 본받다, 배우는 사람, 학교, 학과, 학문, 학설, 학파 등의 뜻이 나왔다. 속자에서는 윗부분을 文(글월 문)으로 줄인 학(斈)으로 쓰기도 하는데, 아이(子)가 글자(文)를 배운다는 뜻을 담았다. 습(習)은 원래 羽(깃 우)와 日(날 일)로 구성되어, '익히다'가 원래 뜻인데, 어린 새가 오랜 세월(日) 동안 반복해 날갯짓(羽)을 '익히는' 모습으로부터 반복 학습(學習)과 중복의 의미를 그렸다. 이후 일(日)이 白(흰 백)으로 변해 지금처럼 되었다.

학(學)과 습(習)은 모두 갑골문에서부터 등장하는 것으로 보아 매우 오랜 전통을 가진 글자이다. 원래는 각각 따로 쓰여 배우다와 반복을 통한 복습의 의미로 쓰였으나, 한나라 때의 『사기』에 이르면 이미 한 단어로 결합하여 쓰였고, 지금까지 이어졌다. 그러나 학(學)에는 매듭지우는 법이나 글자 등 어떤 구체적인 것을 '모방해 배우다'는 의미가 들었고, 습(習)에는 날갯짓을 배우듯 무한 반복하여 익히다는 뜻이 담겼다. 그래서 학습(學習)에는 어떤 구체적인 것을 배워 익숙할 때까지 반복하다는 의미를 담아, 창조성보다는 모방과 반복의 의미를 담았다.

그런가 하면, 일본의 면강(勉强, べんきょう)은 '힘써서(勉) 강해지다(强)'는 뜻이므로, 강해지기 위해 힘쓰는 것이 '공부'이고, 공부를 열심히 하면 강해질 수 있다는, 그래서 '공부'는 사회적 지위나 권력을 포함한 힘을 가질 수 있다는 의미가 들어 있다.

이렇게 본다면 '공부'나 '학습'에 대한 표현이 동양 삼국에서 제각각인데, 중국은 모방과 무한 반복을, 일본은 어떤 목적을 위한 노력을, 한국은 전문성과 함께 남성의 전유물로 인식한 흔적을 찾을 수 있다.

6. 이 시대의 스승

유비가 제갈량에게 촉한을 도와줄 것을 정중히 청하기 위해 남양 와룡강에 세 차례나 방문하는 유명한 이야기를 그린 삼고초려. 제갈량은 유비의 군사(軍師)이자 스승이었다.(사진: 월간중앙)

한유는 이렇게 말했다. 어떤 사람이 스승인가? 도(道)를 갖춘 사람이 바로 스승이다. 스승은 나이가 많고 적음도, 지위가 높고 낮음에 의해 결정되는 것도 아니고. 오로지 도를 갖춘 자가 스승이다. 그런 스승이라면 언제라도 찾아 모시고 의문스러운 것을 여쭈어야 한다. 그런데도 사람들은 찾아가 가르침을 구하길 꺼린다. 나이가 그보다 많고, 지위가 그보다 높고, 신분도 그보다 귀하고, 학벌도 그보다 높다고, 남에게 배우는 것을 수치로 여긴다. 옛날의 성인들은 가르침 구하기를 꺼리지 않았다. 그래서 자기보다 나은 부분이 있으면 언제라도 찾아가 가르침을 구했다. 성인이라 불리는 공자도 담자(郯子)를 찾아가 행정제도를, 장홍(萇弘)을 찾아가 음악의 정신을, 사양(師襄)을 찾아가 악기연주법을, 노자(老子)를 찾아가 세상의 질서에 대해 여쭈었다.

언제나 자신보다 나은 사람을 찾아 가르침을 구하고 배우는 자세, 이것이 성인이 가졌던 미덕이다. 그러나 일반 사람들은 그러길 꺼린다. 자기보다 어리다고, 자기보다 지위가 낮다고, 자기보다 신분이 못하다고, 찾아가 가르침을 구하길 꺼리는 것이다. 그런 까닭에 성인은 더욱 성인이 되고, 소인배는 더욱 소인배가 되는 것이라고 했다. 공자의 말처럼 "세 사람이 길을 걸어도 반드시 스승이 있는 법이다.(三人行, 必有我師.)" 그런데 어찌 가르침을 구하지 않고, 사람을 따질 수 있겠는가? 나보다 더 나은 도(道)를 가졌으면 그가 바로 스승이다.

배움에 대한 갈망과 스승에 대한 존중, 이는 동양의 아름다운 전통이자 지켜야 할 유산이다. 어쩌면 미래사회를 대비해야할 좋은 자산일지도 모른다. 군사부일체(君師父一體)나 '스승은 그림자도 밟지 않는다'라는 속담은 이에 대한 존중을 반영해 줄 것이다. 스승이 자신을 낳고 키워준 아버지나, 전통사회에서 최고의 지위에 놓였던 임금과 같은 대우를 받았던 것은 스승이 그만큼 지대한 존재였고 그러한 사명을 수행했기 때문이다.

세태 탓하기 전에 제 역할 하는지 돌아봐야

스승을 존중하던 아름다운 전통이 사라졌다고, 교권이 무너졌다고들 말이 많다. 물론 맞는 말이다. 그러나 중요한 것은 이 시점, 스승의 권위와 대우라는 전통을 논하기 전에 우리 스스로 그런 역할을 하고 있는지를 되물을 때이다. 지금의 스승은 한유가 말했던 그 세 가지 임무를 제대로 수행하고 실천하고 있는가? 혹시라도 지식 장사로 전락한 것은 아닌가를 반성해 볼 때이다.

4차 산업혁명이 시작된 지금, 변화의 속도는 너무나 빨라 10년 후의 내일도 예측하기가 어려워진 사회이다. 10년 후, 인공지능과 생명공학의 발전, 기후환경의 변화 등으로 우리의 미래는 어떻게 변할지, 어떤 직업이 사라지고 존재할 것인가? 또 인간의 본질은 또 어떻게 설정될 것인가? 이런 근원적인 문제조차도 예측하기 어렵다. 지금 태어난 아이들이 본격적으로 사회에 진입할 2050년이라면 인류의 존속 가능조차 가늠하기 어렵게 되고 말았다.

이러한 시기, 인간만이 가질 수 있는 사색의 힘, 통찰의 힘, 소통의 힘은 더욱 절실하고 간절하다. 동양의 공부와 스승에 대한 훌륭한 전통이 이를 해결할 훌륭한 열쇠가 될지도 모른다. 우리 모두 이 시대의 스승을 찾아 의문을 해소하고 미래에 대한 예지를 배우고 인류의 공존과 발전을 위해 힘써야 할 것이다. 우리 시대, 이 땅의 선생들이라면 모름지기 이를 위해 더욱 치열하게 고민해야 할 것이다. 그래야만 진정한 '스승'으로 남을 것이다.

12-1			
	스승 사	師	师, shī

> 𠂤 甲骨文　𠂤帀 정𠂤 金文
> 師 𠂤 古陶文　𠂤 師 師 簡牘文　𢃤 𢃤 石刻古文
> 𢂪 說文小篆　𢃤 說文古文

고대사회에서 '지도자'와 '스승'은 어떤 영역에서 출발하였을까?

이를 뜻하는 한자 사(師)는 帀(두를 잡)이 의미부이고 𠂤(군사 사, 師의 본래 글자)가 소리부로, 군사, 군대, 지도자, 스승을 뜻한다. 갑골문에서 는 𠂤로만 써, 帀(두를 잡)이 빠진 모습이다.

𠂤의 자원에 대해서는 의견이 분분하지만, 이를 가로로 눕히면 丘陵(구릉)이 되고, 그래서 '작은 언덕'을 그린 것으로 추정된다. 끝없이 펼쳐진 황토 평원에서 丘陵은 여러 특수한 기능을 해 왔는데, 홍수로부터 침수를 막아 주기도 하며, 주위에서 쳐들어오는 적을 조기에 발견하여 방어할 수 있도록 해주었다. 심지어는 하늘과도 통할 수 있는 곳으로 생각되기도 했다. 그래서 고대 중국인들은 城(성)을 이러한 구릉에다 세웠으며, 王陵(왕릉)도 이러한 곳에다 만들었다. 都城(도성)이나 왕릉이 위치한 곳은 반드시 軍師(군사)들이 지키게 마련이다. 그래서 師에 '軍師'라는 뜻이 생겼으며, 옛날에는 2천5백 명의 軍隊(군대)를 師 라고도 했다.

금문에 들면서 이러한 의미를 더 강조하기 위해 '사방으로 둘러치다'는 뜻의 帀을 더해 지금처럼 師가 되었다. 이후 군대의 지도자를 뜻하였고, 이로부터 스승, 모범 등의 뜻이 나왔고, 다시 醫師(의사)에서 처럼 어떤 전문적인 기술을 가진 사람을 부르는 말로도 쓰였다. 현대 중국의 간화자에서는 𠂤를 간단히 줄인 师로 쓴다.

12-2 배울 **학**		学, [孝], xué

𤦂𤰒𤰒𤰒𤰒 甲骨文 𤰒𤰒𤰒𤰒 金文

𤰒𤰒 簡牘文

𤰒 說文小篆　𤰒 說文篆文

'배움'은 만물의 영장인 인간의 커다란 특징이다. 특히 동양에서는 '배움'의 가치를 존중했다. 『논어』의 첫 장 첫 구절이 "학이이습지(學而時習之), 불역열호(不亦說乎)"로 시작하여 "학습(學習)"에 대한 이야기로부터 시작하고 있음이 이를 반증한다.

학(學)은 지금도 자형이 분명하게 남아 있지만, 집 안(宀)에서 두 손(臼)으로 새끼 매듭(爻) 지우는 법을 아이(子)가 배우는 모습을 그렸다. 물론 효(爻)에 대해서는 이것이 산가지니, 괘효(卦爻)니, 나무에 홈을 새겨 의미를 표시하던 서계(書契)니 하는 등 여러 해설이 있다.

그러나 문자를 습득하는 것이 학습의 출발임을 고려해 볼 때 문자가 만들어지기 전 기억의 가장 대표적인 보조 수단이었던 새끼 매듭(결승) 짓는 법을 배우는 모습으로 보는 것이 좋을 것이다. 배우다가 원래 뜻이며, 모방하다, 본받다, 배우는 사람, 학교, 학과, 학문, 학설, 학파 등의 뜻이 나왔다.

조선시대의 속자에서는 윗부분이 복잡하다 하여 이를 文(글월 문)으로 줄인 孝으로 쓰기도 하는데, 아이(子)가 글자(文)를 배운다는 뜻을 담았다. 문(文)은 글자이기도 하지만, 인문(人文)에서처럼 '인간의 모든 고차원적 행위'를 지칭하는 글자임을 고려하면 문(孝)은 결승법이나 글자를 배우는 단순한 의미를 보다 고차원적인 정신적인 문화행위로 변화시켰다 할 수 있다. 현대중국의 간화자에서는 윗부분을 간단하게 줄여 学으로 쓴다.

12-3			
익힐 **習**	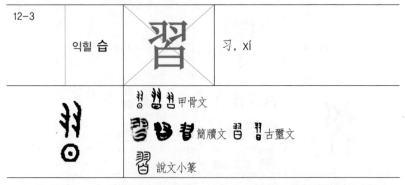	习, xí	

어떤 것을 새로 배우는 학(學)도 중요하지만 이를 익히는 습(習)도 이에 못지않게 중요하다. 습(習)을 단순한 복습으로 생각하기도 하지만, 배운 것을 자기화하고 실천하는 보다 능동적이고 주체적인 것으로 해석하기도 한다. 배운 것을 자기화하고 이를 사회에 실천하는 것이 진정한 배움의 의미이기 때문이다.

한자에서 '익히다'는 뜻을 갖는 습(習)은 갑골문에서는 원래 羽(깃우)와 日(날 일)로 구성되었는데, 우(羽)는 '깃'으로 날개를 상징한다. 그래서 습(習)은 어린 새가 오랜 세월(日) 동안 반복해 날갯짓(羽)을 '익히는' 모습으로부터 반복된 學習(학습)과 중복의 의미를 그렸다.

이후 日이 白(흰 백)으로 변해 지금처럼 되었는데, 白은 自(스스로 자 鼻의 원래 글자)의 잘못으로 보인다. 그렇다면 '스스로(自) 배우는 날갯짓(羽)'으로부터 자발적인 학습의 중요성을 강조한 것으로 해석될 수도 있다. 현대중국의 간화자에서는 白을 생략하고 羽의 한쪽만 남겨 习으로 쓴다.

찾아
보기

하영삼(河永三)

경성대학교 중국학과 교수, 한국한자연구소
소장, 인문한국플러스(HK+)한자문명연구
사업단 단장. (사)세계한자학회 상임이사.
부산대를 졸업하고, 대만 정치대학에서 석·
박사 학위를 취득했으며, 한자 어원과 이에
반영된 문화 특징을 연구하고 있다.
저서에 『한자어원사전』, 『한자와 에크리튀
르』, 『한자야 미안해』(부수편, 어휘편), 『
연상 한자』, 『한자의 세계』 등이 있고, 역
서에 『중국 청동기시대』, 『허신과 설문해
자』, 『갑골학 일백 년』, 『한어문자학사』 등
이 있고, 『한국역대한자자전총서』(16책)
등을 주편했다.